Voll cool, Daddy

Leo Nell

Voll cool, Daddy!

Die schönsten Väter-Kolumnen aus der Zeitschrift ELTERN for Family

illustriert von Horst Klein

Mosaik

 / 5 4 3 2 1

Redaktion: Sibylle Lehmann
Umschlaggestaltung: Heinz Kraxenberger
Umschlagillustration und -layout: Horst Klein
Satz: Filmsatz Schröter GmbH, München
Druck und Bindung: Eurolitho S. p. A., Milano
Printed in Italy
ISBN 3-576-11560-9

Inhalt

Hände weg von meiner Tochter!

Für gewöhnlich fließen die Dinge des Lebens unbeirrt an mir vorüber, etwa wie ein breiter Strom an einer, na, sagen wir mal: Trauerweide.

Es sei denn, es handelt sich dabei um eine neue Lieferung von Bordeaux-Weinen oder eine nicht von mir verschuldete Beule am Familienauto. So etwas entgeht mir kaum.

Neulich kam ich gerade in unser trautes Heim und hatte vergeblich nach neuen alten Bordeaux-Flaschen und von mir unverschuldeten Karosserieschäden Ausschau gehalten, als bereits im Flur eine Ahnung meinen Blick auf den Boden zwang.

An der Garderobe standen zwei Geräte von undefinierbarer Farbe in der Form kleinerer Container.
Meine Frau meinte, das seien Schuhe. Schuhe?! In unserer Familie hat niemand solche Füße, und wenn, wären wir alle längst in Therapie, um mit dem Umgang derartig extremer Extremitäten psychisch fertig zu werden.
Vielleicht hatte ja ein Nachbar bei der Gartenarbeit zwei Brandbomben aus dem letzten Krieg gefunden und sie in unseren Flur gestellt. Jedenfalls sahen die Gegenstände aus, als könnten sie jeden Augenblick hochgehen.
»Aber nein«, wiederholte Anna hartnäckig, »das sind Schuhe. Die Schuhe von Theo!«
Wer, zum Teufel, ist Theo?
»Jetzt stell dich nicht so an«, antwortete Anna, jetzt mit leichter Ungeduld in der Stimme, »du kennst doch Theo. Der lange Typ, der neue Freund von Kathrin!«
Mir schien, als grinse sie mich eine Spur unverschämter an als sonst. Ist Anna etwa ein Komplott mit diesen Containern oder Brandbomben eingegangen, die sie Schuhe nennt?
Nehmen wir einmal an, das seien tatsächlich Schuhe, wieso muss ich dann einen Theo kennen? Ich kenne keinen Theo, ich habe noch nie einen Theo gekannt.
In meinen Kopf rotierte es: Sollten diese Brandbomben, meinetwegen auch Schuhe, wirklich einem gewissen Theo gehören, warum kauft sich dieser Dödel nicht Schuhe, die ihm passen? Wenn ihm aber andererseits diese Schuhe wirklich passen sollten, dann ist Theo kein Mensch, sondern ein Yeti. Ein Bigfoot aus Urwäldern des ewigen Nordens.

Doch warum stehen Yetischuhe an meiner Garderobe? Mir wurde schwindlig. Ein Yeti hat seine Schuhe an der Garderobe abgestellt. Der Yeti heißt Theo, und er ist oben bei Kathrin. Bei meiner Tochter. Bei meinem Kind! Was macht er dort?
Es gibt Situationen im Leben eines Mannes, die ihm das Herz zerreißen und die ihm gleichwohl allergrößte Kaltblütigkeit abverlangen.
Kathrin, mein Augenstern, ist 15 Jahre jung, fast 16, wie sie zu sagen pflegt. Mein Auge ruht stets mit stolzem Wohlgefallen auf meinem Kind, das ohne Zweifel zu den schönsten Töchtern des Landes gehört.
Des öfteren haben schon Spielkameraden von ihr angerufen, die sich offensichtlich diesseits des Stimmbruchs befanden und sich mit großer Hingabe nach Kathrins Befinden erkundigten.
Kathrin lachte ihr perlendes Lachen und legte den Hörer stundenlang nicht mehr auf. Auch nicht, wenn sie ihrerseits die stimmbrüchigen Spielkameraden anrief. Mir trieb unsere Telefonrechnung Tränen in die Augen. Aber da will man als toleranter Vater ja nichts sagen.
Doch musste es ausgerechnet ein Yeti sein? Ich schlich auf Zehenspitzen nach oben. Kathrins Zimmertür war zu. Aus dem Raum kamen wummernde Geräusche (500 Dezibel, mindestens), die Anna später als Musik Marke »Jungle-Sound« identifizierte.
Der Yeti war musisch interessiert, immerhin.
Ich klopfte an die Tür und fragte Kathrin, ob sie nicht vielleicht rein zufällig meine elektrische Heckenschere gesehen habe.

Das war ein Ablenkungsmanöver; doch in solchen Notfällen muss man so raffiniert wie möglich vorgehen.
Kathrin grinste mich an und führte mich zu einem Wesen, das auf ihrer Couch saß und angesichts meiner Gegenwart sofort aufsprang.
Mein Gott! Mein Blick wanderte nach oben – dabei bin ich wirklich kein Zwerg, sondern gute eins achtzig. Der Yeti trug normale, westliche Kleidung, Jeans, Socken, Pullover.
Irgendwo knapp unter der Zimmerdecke erspähte ich sein Gesicht.
Unter seinem Lockenkopf blickten blaue Augen scheu, aber nicht uninteressiert auf mich herab.
»Papi, das ist Theo«, krähte Kathrin. Der Yeti gab mir sanft die Hand und sagte: »Grüß Gott!«
Ich schluckte und nickte artig.
Das liegt nun schon einige Wochen zurück, und ich muss heute sagen, dass mir schon weit unsympathischere Yetis begegnet sind als Theo.
Anna meint, meine leichte Verwirrung käme von meiner väterlichen Eifersucht. So ein Quatsch! Warum sollte ich ausgerechnet auf einen Yeti eifersüchtig sein? Er verehrt meine Tochter, beschützt sie, geleitet sie auf seinen riesigen Yetifüßen auf ihren Wegen, auf dass die Finsterlinge am Wegesrand Reißaus nehmen.
Außerdem ist er sehr genügsam. Bei uns am Tisch isst er kaum. Er schweigt und schaut mit seinen blauen, verträumten Yetiaugen unentwegt auf mein Kind.
Vermutlich lebt er nur von der Luft. Und der . . . ?! Nein! Daran mag ich überhaupt nicht denken!

In jüngster Zeit hat die Liebe Risse bekommen.
Meist streiten die beiden wie die Kesselflicker. Dann knallen die Türen, und der Yeti rennt mit wässrigen Augen aus dem Haus.
Zehn Minuten später hängt er am Telefon und bleibt auch für die nächsten zwei, drei Stunden dran.
Vor drei Tagen war abends ein gewisser Ferdi bei Kathrin zu Besuch. Ihre Tür war geschlossen, der Jungle-Sound erschütterte das Haus. Ferdis Schuhe hatten die Größe einer Werkzeugkiste.
Yeti II. Natürlich kam es, wie es kommen musste: Yeti II war zehn Minuten im Haus, da rief Yeti I an und wollte Kathrin sprechen. Ich schnupperte genießerisch an meinem Bordeaux-Glas und sagte ihm, dass meine Tochter Besuch habe und ich auf keinen Fall stören dürfe. Er könne ja später, am besten morgen, noch mal anrufen. Seine Stimme klang gebrochen, als er sich leise verabschiedete.
Warum soll es ihm besser gehen als mir?

Deins ist meins!

Seit frühester Jugend lege ich großen Wert auf humanistische Bildung, und so ist es mir auch ein Bedürfnis, meinen Lieben humanistische Ideale nahe zu bringen. Schließlich fühle ich mich meinem Namen verpflichtet. »Leo«, das sagt der Lateiner nämlich respektvoll, wenn er im Circus Maximus oder Krone oder sonst wo einem Löwen begegnet. Denn das ist ein König. Zwar nur der Tiere, aber immerhin.

Jetzt bin ich doch tatsächlich ins Plaudern gekommen, dabei stand mir der Sinn mehr nach altgriechischer Philosophie. Genauer gesagt nach dem berühmten Aphorismus des weisen – Platon? Sokrates? Perplexos?

Seliger, sprach in Theben ein Weiser, ist nehmen denn geben.
Welch ein Satz, welch geistige Kraft. Mich schaudert. Ich höre, wie die Götterstimme das Halbrund des Welttheaters mit ihren Donner erfüllt.
Abermals Schaudern. Und Grinsen. Breites, widerliches Grinsen – bei Felix, 11, der nur mühsam ein »Tok, tok, tok!« an die Stirn unterdrückt.
Meiner Tochter Kathrin lese ich von den Augen ab: »Jetzt ist das arme, alte Luder völlig blöd geworden.« Anna, die Gemahlin, starrt stumm zur Decke.
Wo bin ich? Richtig, im Hause Nell. Am Mittagstisch. Aber ich habe doch überhaupt nichts getrunken!
Ich weiß nur noch, dass Felix vor wenigen Sekunden rumgekeift hat, dass er das größere Schnitzel von Kathrin wolle, schließlich sei er Mann und Leistungssportler, und die hätten bekanntlich einen höheren Energiebedarf.
Meine schöne Tochter wiederum hatte nach meiner Portion Feldsalat mit Kernöl gegriffen, als ihre verschlungen war. Sie müsse sich schließlich gesund und kalorienarm ernähren und auf ihre Figur achten. Bei mir sei es eh wurscht.
Da muss mir wohl der alte Perplexos eingefallen sein. Und wenn ich es recht bedenke, grübele ich schon eine ganze Weile über ihn nach.
Seit geraumer Zeit beobachte ich nämlich ein Phänomen, von dem ich befürchte, es könnte sich zu einem mittleren Syndrom auswachsen.
Das Phänomen heißt »Deins ist meins!« Es kam vor einigen Wochen ganz leise in unser Haus geschlichen. Jetzt

ist es da, und es wächst und wächst. Und ich stehe hilflos daneben.

Leo, der Löwe, der König, ist ein ganz armer Hund.

Das Problem liegt in der absolut ärmlichen Ausstattung unseres Hausstandes. Das dämmerte mir, als ich in den letzten Ferien nach dem Frühstück mein Büro betrat und dringend telefonieren musste. Felix hing bereits am Apparat und klapperte seine Kumpels ab, weil ihm langweilig war.

Ich verwies ihn sanft auf unseren Privatanschluss, doch da war, so Felix, bereits Kathrin mit ihrem Theo zugange. Mir fiel noch der Faxapparat ein, aber der lief: Eine Freundin meiner Frau gab gerade Spalte um Spalte die Kopie einer waaahnsinnig aufschlussreichen Literaturkritik durch. Mir schwante, dass wir einfach zu wenig Telefone haben. Kathrin zischte mir mit abgedeckter Sprechmuschel zu, ich solle mir halt ein Handy kaufen, dann wäre sie immer erreichbar.

Die nächste Begegnung mit jenem Phänomen hatte ich erneut in meiner Arbeitskammer.

Kathrin saß vor meinen PC und hackte so konzentriert auf die Tastatur ein, dass sie überhaupt nicht auf mein Flehen, ich müsse jetzt arbeiten, zu reagieren vermochte. Als dann Leo, der Löwe, ein klitzekleines bisschen rumbrüllte, hörte sie sofort auf und sagte mit waidwunder Stimme, dass man noch nicht mal ein wichtiges Referat für die Schule vernünftig schreiben könne.

Leo, der arme Hund, war nun ein Schwein.

Eines Abends, Anna und ich wollten ein bisschen um die Häuser ziehen, weil ich versprochen hatte, einen auszugeben, war Annas einzige Bluse samt ihrem einzigen Rock spurlos verschwunden. Die beiden fürchterlich einsamen Kleidungsstücke hatten sich in ihrer Not Kathrin an Hals und andere Körperregionen geworfen, denn das Kind war ja noch schlimmer dran: Es hatte überhaupt nichts zum Anziehen. Was will man da machen? Man geht mit den Damen des Hauses in die Stadt und bettelt darum, die Einsamkeit der einzigen Kleidungsstücke lindern zu dürfen.

So lange, bis sich auch in meiner Brieftasche Einsamkeit breit macht.

Wir machen das jetzt immer so. Doch eigenartigerweise scheinen auch die neuen Sachen ebenso wie Wäsche und Kosmetika in einem schwarzen Loch zu verschwinden. Denn immer wieder steht Kathrin vor dem Nichts im Innern ihres Schranks, vor dem sie nur das Nichts im Schrank ihrer Mutter retten kann.

So tauschen sich bei uns ständig die Possessivpronomen aus. Was heißt schon »deins«, wenn es eigentlich »meins« ist?

Was heißt schon »meine« Zeitung, wenn der frühreife Sohn am frühen Morgen den intellektuellen Drang nach ausführlichen Informationen verspürt.

Und »meine« Sonnenbrille, wenn der Tochter bei der Fahrradfahrt in die Schule die Augen schmerzen könnten.

»Weißt du, wo mein Radl ist?«, fragt mich Anna zehn nach acht. Ich erkläre ihr geduldig, dass Kathrin damit im stechenden Sonnenlicht zur Schule gefahren sei, weil Felix ihres benutze, da seines geklaut wurde.

»Und warum hat sie nicht deins genommen?«, fragt Anna lauernd. »Kann ich dein Auto haben?«
Ich bin ziemlich erschöpft ins Büro gegangen. Dort habe ich wenigstens meine Ruhe. Ich habe mich dann auf meine Couch gelegt und bin wohl ein bisschen eingenickt mit dem wohligen Gefühl, dass wenigstens das Möbel noch unter meinem Hintern steht.
Wenn das nicht mehr der Fall wäre, müsste ich wieder losziehen mit meiner Brieftasche. Neues Sofa, Auto und Fahrrad, Sonnenbrillen, Zeitungen, Wäsche, Kosmetik, Blusen, Röcke, Computer, zwei, drei Handys, viel mehr Feldsalat und vor allem größere Schnitzel kaufen. Bis mich im allmächtigen Halbrund meiner Bank eine Götterstimme andonnert: Was, beim Zeus, ist mit deinem Konto?
Der Boden tut sich auf und der Schlund des Hades verschluckt mich, meine Couch und meinen Kater Max, der mir zu Füßen liegt. Irgendeinem Teufel war gerade danach. Wir sind jetzt seins.

Darf ich bitten?

Der Tanz ist Ausdruck unserer Seele, sagt Pina Bausch. Ich weiß nicht, warum ich gerade jetzt darauf komme, denn eigentlich ist mein Seelenzustand nicht der schlechteste.

Ich durchdämmere gerade die erholsamen Wochen nach den Feiertagen und bewege mich zeitlupenhaft wie ein Faultier durch Zeit und Raum. Endlich keine gequälten Festlichkeiten mehr, keine debile Fröhlichkeit und vorgeheuchelte gute Laune.

Ich genieße diese einlullende, hochkonzentrierte Langeweile in mir und um mich herum. Ich horche völlig anspruchslos in mich hinein und glotze ebenso leer aus mir heraus. Diese seelische Fastenkur ist eine meiner (genialen) Spezialitäten. Selbst bodenlose Gemeinheiten vermögen meinen Gleichmut nicht zu kippen, wie beispielsweise, wenn mein hoffnungsvoller Spross Felix, 11, rumtönt: »So schaut er immer drein, wenn er Leberferien macht!«

Wieso komm ich jetzt aufs Tanzen? Und wer, zum Teufel, ist Pina Bausch? Anna, meine Frau, lächelt.

Klug und hinterhältig. Irgendwas ist im Busch; das sagt mir mein instinktives Notstromaggregat.

»Du weißt doch, Pina Bausch, diese berühmte Choreografin aus Wuppertal«, sagt die Gemahlin sanft.

Wuppertal? Was habe ich mit Wuppertal zu tun? Wenn sie Paris gesagt hätte, oder Rom – meinetwegen. Aber Wuppertal?

Nein, sagt Anna, sie möchte jetzt nicht nach Wuppertal.

Ich ahne es. Es ist noch schlimmer! Sie will mit mir in eine Ballettaufführung von dieser Pina Bausch!

Wieder lächelt Anna unwiderstehlich: »Aber nein, mein Lieber, nur keine Panik. Ich will mit dir doch nur auf einen Ball. Das mit Pina Bausch hat Kathrin irgendwo gelesen. Sie glaubte, du freust dich über diesen Satz. Es ist doch ihr Abschlussball bei der Tanzschule. Übrigens kommen Theos Eltern auch. Ich habe deinen Smoking schon in die Reinigung gebracht.«

Daher trapst die Nachtigall. Meine Tochter! Und ihr sauberer Freund, der Yeti! Und seine Eltern! Und ich soll vorgeführt werden wie ein Tanzbär. Im Smoking!

»Okay«, sage ich, »dann können wir ja auch gleich die Verlobung feiern und den Termin für das Standesamt be-

43
44

sprechen. Und ich gehe eine Bank überfallen wegen Mitgift und erschieße mich dann wegen der Rechnung für das Hochzeitsbankett, das muss nämlich der Vater der Braut löhnen, okay?«

Kathrin fällt mir um den Hals und gibt mir eindeutig zu verstehen, dass ich mich schon riesig auf den Tanzabend freue.

Anna nickt zufrieden und murmelt, dass auf mich doch noch Verlass sei. Dann verlässt sie mit wiegenden Hüften mein Arbeitszimmer, während mich mein innerer Aufruhr aus dem Haus treibt und die Leberferien vorerst beendet sind.

Der Ballabend rückt in rasender Geschwindigkeit näher. Wie ein Zahnarzttermin. Sonntag, 19.30 Uhr, haben wir uns im Ballsaal einzufinden. Der Tisch ist reserviert. Für Kathrin, ihren Theo, seine Eltern und uns.

Um 19 Uhr quäle ich mich vor meinem Badezimmerspiegel mit dem Smokinghemd rum. Ich habe es drei, vier, fünf Jahre nicht mehr angehabt. In der Zwischenzeit muss der Kragen eingelaufen sein.

Anna improvisiert: »Wir« – sie sagt tatsächlich wir! – »wir lassen ganz einfach den obersten Hemdknopf auf und machen die Fliege mit einer Sicherheitsnadel fest.«

Etwa zehn Minuten wurstelt sie an meinem Hals herum, dann ist sie zufrieden. Nach meinem Zustand fragt niemand.

Ich muss noch versprechen, dass ich Theo vor seinen Eltern nicht »Yeti« nenne und auch nicht »Yetilein«, was doch nur eine Anspielung, geradezu ein Kompliment, hinsichtlich seiner Körperlänge wäre; aber gut!

19.30 Uhr: Ich lasse routiniert meinen Charme spielen. Hoffentlich hält Annas Hemdkragenkonstruktion! Ich bestelle ein Fläschchen trockenen Mosel, sage der Yeti-Mutter, was für ein lieber und gebildeter junger Mann ihr Theo sei – und so bescheiden.
Ich proste jovial dem Yeti-Vater zu. Der bestellt die nächste Flasche.
Dann tanzen die Kinder, nein, wie reizend. Die Yeti-Mutter schneuzt sich, auch Annas Augen sind verdächtig feucht.
Wir starren von der Empore auf die Tanzfläche. Walzer. Kathrin bewegt sich würdevoll-mystisch wie eine hochgotische Heilige, sagen wir: wie Hildegard von Bingen. Dagegen hat ihr Yeti, pardon, Theo, eine eher schleppende Schritt-Technik, die mich an alte englische Kriegsfilme erinnert. Ein völlig ausgemergelter Peter O'Toole wankt aufopferungsvoll durch den Wüstensand. Durst!
Ich habe ein wundervolles Gespräch mit dem Yeti-Vater über die Vorzüge von trockenem Mosel und wuchtigem Burgunder, den wir als nächstes angehen.
Irgendwann kurz nach Mitternacht wirbele ich ohne Rücksicht auf meine Knochen und den Hemdkragen über das Parkett. Schließlich ist man ein alter Rock 'n' Roller.
Anna flutscht mir unter der Achsel durch und grinst zähnefletschend wie ein Groupie.
Leider arbeitet meine Bandscheibe nicht kongruent zu unserem Dirty Dancing; schließlich wanke ich zurück in Richtung Mosel und Burgunder, wobei mir der Spruch aus der After-Eight-Werbung in den Sinn kommt: »Mortimer, you old tiger!«

Der Ballabend endet furios. Wir trinken Brüderschaft, und ich gebe der Yeti-Mutter ein dickes Küsschen, wobei der Hemdkragen endgültig aufgeht.
Egal, ein wunderbarer Abend. Man muss halt nur die richtigen Leute kennen: Freunde des Tanzes, Ausdruck unserer reinen Seelen. Es lebe Lina Tausch und trockener Mosel, nicht wahr, du Vater aller Yetis?!
Tangotänzer müsste man sein, mit gegeltem Haarzopf, das Smokinghemd offen bis zum Bauchnabel! Dann gäbe es auch nicht diese Probleme mit dem Kragen.
Ich weiß nicht mehr, wie ich nach Hause gekommen bin. Wo der Yeti hinging und wohin meine Tochter.
Aber nachdem mich Anna ins Bett gebracht hatte, hörte ich sie im Traum lang gezogen klagen: »Montevideo, Montevideo, niemals wieder lass ich den Leo nach Montevideo, Montevideeeoooo...«

Dann gute Fahrt!

Zuweilen erinnere ich mich recht gern an einen Aphorismus aus meiner frühen Jugend.
Etwa, wenn mein naturreiner Charme sanft gegen die herkömmlichen Erwartungen von Höflichkeit und Respekt anarbeitet.
Oder wenn mein Outfit nicht unbedingt hundertprozentig der markanten Eleganz und Zeitlosigkeit meines Charakters entspricht.
Auch bei zänkischen Rüffeln, falls ich mal wieder mit dem Löffel statt mit Gabel, Messer, Stäbchen oder umgekehrt gearbeitet habe, kommt mir jene praktische

Weisheit in den Sinn: Wer die Form beherrscht, kann sie vernachlässigen!
Wie komme ich ausgerechnet jetzt darauf? Es läuft doch alles in besten Bahnen. Niemand meckert oder schüttelt resignierend das Haupt. Selbst Anna, meine Frau, lächelt mir freundlich zu, als sie am Telefon mit ihrer besten Freundin über das debile Geschmacksempfinden gewisser eingebildeter Intellektueller plaudert.
Ich nicke zustimmend. Wo sie Recht hat, hat sie Recht. Ihr Lächeln ist einfach hinreißend; und jetzt lacht sie auch noch laut und herzlich auf, die Gute.
Spätestens, als mir unser Töchterlein Kathrin, 15, übrigens eine hochgotische Schönheit wie ihre Mutter, einen dicken Packen Autozeitschriften und Prospekte auf den Tisch wuchtet, kommt mir allmählich in den Sinn, was hier gespielt wird. Und über wen man lacht. Vielleicht hätte ich um die Weihnachtszeit in meiner jovialen Festtagslaune nicht so leichtsinnig ankündigen sollen, dass im Frühjahr endlich ein neues Auto fällig sei.
Natürlich sorgt sich die Familie nun um die Modellwahl. Meine Geschmackssicherheit steht offensichtlich nicht in allzu hohem Kurs, was mich freilich nicht sonderlich kümmert, denn, wie gesagt: Wer die Form beherrscht…
Als bekennender Praktiker stelle ich an ein Auto keine besonderen Ansprüche. Es muss fünf Räder haben (inklusive Steuerrad, haha!), über eine geräumige Ladefläche zwecks Urlaub und meiner Weintransporte verfügen und unbedingt rot sein.
Nicht schlecht wäre auch eine gewisse Robustheit von Motor und Fahrwerk, denn Anna lässt es sich bei länge-

ren Autofahrten selten nehmen, mich zärtlich als Autofahrer von Gottes Zorn zu bezeichnen.

Was sie damit meint, weiß ich auch nicht so genau. Vermutlich ist es ein Kompliment, denn ich liebe Komplimente, und Anna weiß das.

Unser aktuelles Auto ist ein Kombi aus einem großen Autowerk in Wolfsburg. Es eignet sich vorzüglich für meine alljährlichen Reisen zu meinen Lieblingswinzern. Und es ist feuerrot. Deshalb liebe ich es.

Mag sein, dass Kathrin es wegen dieses roten Vehikels kategorisch ablehnt, von mir am späteren Abend von einer Party oder einem ähnlichen Event mit vielen jungen, coolen Menschen abgeholt zu werden. Es kann aber auch sein, dass sie sich des sanften Schnurrens meines Mittelklassewagens schämt, denn unter der Fronthaube klopft das starke, unverwüstliche Herz eines Dieselmotors, um es mal in der präzisen Sprache der Werbung auszudrücken. Immerhin ein Turbodiesel, was gleichermaßen Solidität und Sportlichkeit signalisiert.

Kathrin denkt darüber anscheinend anders, denn in jüngster Zeit habe ich von ihr immer häufiger abfällige Bemerkungen über das »Prolo-Auto« hören müssen.

Das soll ja nun anders werden. Deshalb befindet sich meine Familie in einem vibrierenden Zustand freudiger Erregung, was sich nicht zuletzt in unerwarteter Höflichkeit und Sympathiebezeugungen gegenüber meiner Person äußert.

Vielleicht sollte ich öfter mal ein Auto kaufen, und dann auf keinen Fall einen roten Diesel.

Kathrin hat in alten Fotoalben gekramt und ein betagtes

Bild gefunden, das mich als jungen Opinion Leader neben einem flammendroten Sportmodell einer berühmten italienischen Firma zeigt, deren Name ein wenig an die Freuden und Leiden des noch berühmteren Liebespaares Romeo und Julia erinnert.
Seinerzeit habe ich damit Kathrins Mutter becirct; somit ist Kathrins Existenz irgendwie auch mit jenem Sportmodell aus Milano verknüpft.
Ob direkt oder indirekt, das weiß ich nicht mehr so genau. Kathrin jedenfalls trägt derlei nostalgischen Gefühlen mit ihrem aktuellen Autowunsch gebührend Rechnung: »Ein Cabrio müsste man haben«, seufzt sie honigsüß.
Mein Sohn Felix, 11, schüttelt verächtlich das weise Haupt. Er murmelt in seiner recht ausdrucksstarken Schulhofsprache etwas von alten Männern, die in solchen Cabrios mit jungen Mädchen ins Grüne spazieren fahren. Und dann packt er seine Prospekte aus: Jeeps in allen erdenklichen Variationen.
Natürlich alle ultrageländegängig und mit Kuhfänger für den Fall der Fälle. Einer dieser Wagen hat das unverwechselbare Profil von Clint Eastwood und schaut genauso erbarmungslos drein.
Anna sagt gar nichts. Dafür sagen ihre Blicke alles; das war schon immer ihre Stärke. Im linken Auge glitzert der legendäre gute Stern auf allen Straßen, im rechten blinkt verführerisch das weiß-blaue Emblem einer sportlichen Edelmarke, die beim gehobenen Stand des ehrenwerten Vertretergewerbes besonders beliebt ist und garantiert kein vernünftiges Rot in ihrer Farbpalette hat.

Mir wird schwindlig. Was jetzt? Es gibt nur eine Rettung: Ich schleiche lautlos wie eine südamerikanische Raubkatze von Händler zu Händler und bestelle, was die Herzen meiner Lieben begehren: die Nobelkarossen aus München und Stuttgart für Geschäftstermine am Vor- und Nachmittag. Einen Geländewagen für die knallharte Freizeit von Dirty Harry. Und ein Cabrio für das dirty Weekend.

Ist doch alles kein Problem. Zumindest nicht, bis mir meine Bank einige nette Herren in weißen Kitteln und Turnschuhen vorbeischickt. Sie laden mich dann in ein geräumiges Auto mit hübschen blauen Lichtern auf dem Dach.

Und es ist sogar rot!

Kathrin, Felix' 17-jährige Schwester, lässt ihren fraulichen Charme wie eine Kreissäge aufblitzen: »Guck an«, gluckst sie hämisch, »unser Kleiner ist verliebt. Wie heißt sie denn? Ist es etwa die Dicke von nebenan? Das hab ich mir doch gleich gedacht!«

Ihre Mutter streichelt Felix über den Kopf und murmelt was von Geschmacklosigkeit und dass ihr Sohn einen wesentlich besseren Geschmack hätte, wenn er sich denn tatsächlich verlieben würde, was man ja nie wissen könne, weil es ja nur natürlich sei. Ich, der Leo, hätte wohl längst vergessen, was das sei und dürfe daher überhaupt nicht mitreden. Mittlerweile glänzt Felix' Kopf wie eine Tomate. Scham? Pure Wut! Er rast aus dem Haus, die Türen knallen.

Wohin des Weges? Zu ihr?

Später sehe ich ihn mit seinen Kumpels beim Streethockey rumtoben, und ich schäme mich ein klein wenig. Andererseits ist Felix selbst schuld. Seit der Grundschule hat er den Ruf eines hemmungslosen Schürzenjägers. Seinerzeit schrieb ihm sogar das siebenjährige Nachbargirlie Tanja: »Ich hofe das du mich heuratest du magst mich doch. Lieber Felix, ich hofe das dich der brif nich aufreggt! File Bussis fon Tanja für Felix!« Anna zeigte mir heimlich dieses Schreiben, und in ihren Augen schimmerte ganz deutlich der Stolz auf ihren Sohn, den tollen Hecht.

Das war eine Jugendromanze. Nun aber sind die Indizien für seinen Liebestrieb unübersehbar.

Seit einigen Wochen fällt mir auf, dass der Pegel in meiner Rasierwasserflasche hurtig sinkt. Felix schäumt sich ab und an den nicht vorhandenen Bart ein und tut, als

ob er sich rasiere, weil er ja hinreichend gelernt hat, dass das »für das Beste im Mann« sei. Danach parfümiert er sich sorgfältig und tigert mit den animalischen Bewegungen eines Calvin-Klein-Models aus dem Bad.
Er trägt keine Hosen mehr, sondern Baggie-Pants, bei denen der Hintern in den Kniekehlen hängt. Cool!
Seine Jacken müssen etliche Nummern zu groß sein. Noch cooler!
Die Designer-Sweatshirts wechselt er mehrmals am Tag, weil er sich immer noch einsaut, was ihn freilich früher nie gestört hat.
Und Füße hat der Kerl gekriegt! Größe 42 mit nicht einmal 13. Damit könnte er eigentlich das historische Schuhwerk seines Großvaters auftragen, denn bislang hat Felix bei Schuhen ausschließlich auf Strapazierfähigkeit Wert gelegt. Doch jetzt müssen es dunkelblaue Vans sein, die nach innen geschnürt werden, denn das schreibt der aktuelle Trend dem Individualisten vor.
Mit dem Singen hat er auch begonnen. Karaoke zum Sound seiner Stereoanlage. Herzzerreißende, melancholische Weisen. Neulich erst hörte ich es lang gezogen klagen: »Unbreak my heart!«
Sogar mein Kater Max bekam fragende Augen, obwohl der kastriert ist, was er anscheinend manchmal vergisst.
Noch mehr Beweise gefällig?
Bis vor drei Monaten hasste Felix das Telefon. Jetzt liebt er es.
Das Telefon? Natürlich nicht das Telefon, sondern die Anrufe, mit denen er sich in sein Zimmer zurückzieht wie in eine Gartenlaube.

So ging es damals auch bei Kathrin los. Und wieder stehe ich vor dem gleichen Problem: Felix sagt, die ständigen Anrufer seien seine neuen Basketballkumpels.
Das kann er seiner Großmutter erzählen, mir nicht. Obwohl ich noch nicht an den Stimmen unterscheiden kann, ob ein Männlein anruft – oder ein Weiblein.

Ein Mann im Schnee

Von allen Jahreszeiten ist mir der Winter die liebste – wenn er nur die Weihnachtsfeiertage andauert und dann wieder dem Hochsommer Platz macht. Oder ich mitten im tiefsten Winter durch den karibischen Karneval von Tortuga tobe und mir etwas Eis in meinem klitzekleinen Cuba libre durchaus willkommen ist. Dann liebe ich den Winter, und ich spüre es ganz deutlich, wie sehr auch er mich mag.
Zur Zeit bin ich wieder im Winterfieber. Ich trage sogar seine Farben. Meine Augen sind rot, äh, ich meine natürlich: die Nase; mein Hemdchen ist weiß, weiß wie das Laken, auf dem ich ruhe und verträumt auf das Schneegestöber draußen vor dem Fenster schaue.

Schneeweiß ist auch der Gips, wie früher der Streckverband hieß, der fest meinen rechten Unter- und Oberschenkel umschließt, auf dass ich nicht friere und auch sonst keine Not erleiden muss.
Ach ja, ich bin ein Winterkind. Ich eile, fröhlich hüpfend wie Bambi, durch den weißen Winterwald, klappere lustig mit den Eiszapfen, die mir von Unterlippe und Kinn hängen.
Diese friedvolle Szene läuft vor meinem geistigen Auge ab, während ich hier liege und der sanften Musik von Johnny Winter lausche. Wiederum gleitet mein Blick wohlgefällig über das Gipsbein, und erneut spüre ich die Zuneigung des Winters wie einen zärtlichen Stich ins Herz. Er fährt mir ungestüm durchs Kniegelenk, soll heißen: durch die Knochenteile und Knorpel, die früher mal ein Kniegelenk waren.
Früher, als ich noch ein Leo war, der mit Minusgraden nichts am Hut hatte. Der bereits in den ersten kühlen Herbsttagen die Ohrklappen seiner Russenmütze runterließ, weil er den Frost so fürchtete und seine Ohren so mochte.
Doch dann kam der Tag, an dem Leo in die Kälte ging. Und das kam so:
Ich bin lästiges Anhängsel einer hyperaktiven Familie, die joggt, Tennis und Fußball spielt, Wasserski fährt, auf Mountainbikes die Zugspitze erklimmt, dem Eishockey-Puck hinterherhechelt, große Bälle in weit entfernte, hoch hängende Körbe wirft – und die vermutlich heimlich auch Holzbretter mit Karatehieben zertrümmert und nette Asiaten beim Kickboxen verdrischt.

Die aber vor allem im Winter lange Latten unter die Füße schnallt und seltsam jodelnd erst drei Stunden am Lift wartet, sich dann zehn Minuten bergauf ziehen lässt, um anschließend wie gesengt bergab zu fahren.
So sind sie eben, meine Leute. Und ich ließ sie stets in Frieden gewähren, wenn ich dabei meine Ruhe hatte. Die hab ich jetzt auch – aber ein bisschen anders.
Kathrin, unsere bezaubernde Tochter, fuhr schon als Vierjährige Ski. Ich musste das zornig plärrende Kind sofort nach Weihnachten bei einem Zwergerlkurs anmelden. Seitdem kennt sie alle Pisten des Alpenraums aus dem Effeff.
Anna, meine rehäugige Gemahlin, ist ihr Vorbild. Ein Wesen, sanft, aufopfernd und ausgleichend wie Maria Schell. Normalerweise. Fällt der erste Schnee, sieht sie rot. Dann packen meine Damen ihre neuen Skier, die neuen Skianzüge, meine Brieftasche mit dem Rest meines Geldes – und auf geht's in die Berge. Winter für Winter.
Diesem blindwütigen Aktionismus haben wir drei Männer der Familie sehr lange tapfer standgehalten: Felix, mein lebenskluger Sohn; Max, mein grauer Kater; und natürlich ich, der Leo.
Viele Jahre lang hatte ich massivste Aufforderungen zum Wintersport elegant gekontert: »Ich bin kein Skifahrer, ich bin Tänzer!« (Natürlich verfuhr ich bei Bällen und sonstigen albernen Veranstaltungen umgekehrt.)
Bei mir hatten also die Bemühungen beider Damen nicht gefruchtet, bei Max auch nicht (er hasst Schnee!), so war Felix an der Reihe. Dazu muss ich sagen, dass

mein Sohn ein großer Sportler ist. Aber er hat nun mal eine Abneigung gegen Skifahren. Sollten sich da doch meine Gene durchgesetzt haben?

Es nutzte nichts. Eines grauen Wintersonntags fuhren wir mit rund drei Millionen anderen Wintersport-Enthusiasten, die sich alle mit »Grüß Gott« begrüßten, in die bayerischen Alpen, was an sich nicht weiter schlimm ist, an diesem Tag nur leider bis Montag dauerte, weil wir im Stau festgefroren waren.

Schließlich kamen wir doch noch an. Felix wurde auf seine Skier (alte von Kathrin) und dann auf den Idiotenhang gestellt.

Warum er so heißt, sollte ich erst später erfahren. Erste Versuche in einem Anfängerkurs lehnte mein Sohn strikt ab: »Ich fahre privat.« Also begleitete ich ihn auf den schon erwähnten Idiotenhang.

Ich sah, wie er sich aufmachte und elegant die Skistöcke schwang wie Inspektor Clouseau. Dann hörte ich noch ein Brüllen: »Pass doch auf, du Idiot!« Und dann wurde es Nacht um mich.

Später, als mein zerbrochenes Bein bereits zusammengenagelt war, erfuhr ich, was geschehen war: Ich hatte einem passionierten Skisportler im Weg gestanden. Gerade, als ich amüsiert die eisigen Reste des Schneeballs abwischte, den mir Kathrin aufs Auge geworfen hatte, war er in mich gefahren, weil ich Idiot einfach in seiner Bahn stehen blieb.

Auf Skiern wäre mir das nicht passiert, denn dann hätte ich ja längst nicht mehr dort gestanden, sondern wäre auf und davon gewesen, möglichst über andere Idioten

hinweg, die wie vermummte Ölgötzen im Schnee rumstehen und sich mit Schneebällen beballern lassen.
Dieses Ereignis hat mein Leben verändert. Der Winter ist nun mein Ding. Ich freue mich auf die weiße Pracht und werde demnächst auf schmalen Langlaufbrettern meine Bahn über Land ziehen. Am Abend werde ich, heiser vom tausendfachen »Grüß-Gott«-Sagen, meinen Jagertee trinken und Max eine kleine Geschichte aus meiner nordischen Vergangenheit erzählen.
Schon spüre ich, wie mir das Winterfell wächst, derweil mein Sohn Max den Kopf hebt und ein wölfisches Jaulen in die eiskalte Winternacht schickt. Und sollte irgendwann wieder einmal der Abenteurer Reinhold Messner multimedial berichten, er habe auf einem Gletscher bei Innsbruck einen Yeti gesichtet, so glauben Sie ihm nicht.
Das war Leo, der Lappe.

Alles im Griff!

Endlich! Die Tür ist ins Schloss gefallen: Madame ist unterwegs.
Nein, sie hat uns nicht verlassen; sie ist nur für eine Woche zu ihrer Mutter nach Hamburg gefahren. Ein bisschen relaxen, ein bisschen einkaufen mit Mutti. Sie hat sich das redlich verdient.
Wir uns auch. Ich werde die Geschäfte in Haus, Hof, Küche und Keller übernehmen, wobei ich den Keller schon ziemlich gut kenne und auch in den anderen Bereichen kaum größere Schwierigkeiten erwarte, es sei denn, Madame hat wieder mal ihre üblichen Fallen aufgestellt.

Aber was red ich denn da!
Natürlich hat Anna, meine Gemahlin, vor ihrer Abreise alles bestens geregelt: Fruchtsaft, Milch, Eier und Butter sind im Kühlschrank. Tee, Kaffee und Filtertüten in der Anrichte neben dem Gewürzschrank, »wo du auch alles andere findest«. Putenschnitzel, Gulasch und Eintopf befinden sich portionsgerecht in der Tiefkühltruhe, Obst und Gemüse in der Speisekammer.
»Hast du das alles auch behalten, lieber Leo?« – »Aber gewiss doch, mein Herz.«
Ich bringe Anna Händchen haltend zum Flughafen und rase Hände reibend an den heimischen Herd zurück. Endlich kann ich zeigen, was wirklich in mir steckt:
Wie wär's mit Spaghetti carbonara zum Mittagessen? Ich beginne zu zaubern. Da ist der Topf, da das Wasser, da ein Schlückchen Barolo für den Koch, alles no problemo. Doch wo sind die Nudeln? In der Anrichte bei Tee, Kaffee und den Filtertüten sind sie nicht, im Gewürzschrank auch nicht.
Vielleicht im Kühlschrank? Fehlanzeige!
Sie hat die Spaghetti vor mir versteckt, genau wie beim letzten Mal. Immer versteckt sie die Spaghetti vor mir, wenn sie auf Reisen zu gehen pflegt.
Ich rase ans Telefon, da fällt mir ein, dass sie jetzt in der Luft ist und ihr Handy ausgeschaltet hat. Ich wette, sie lächelt jetzt unwiderstehlich feinsinnig, weil sie sich gerade in diesem Augenblick vorstellt, wie ich Spaghetti carbonara ohne Spaghetti koche.
Also rufe ich ihre Mutter an. Könnte ja sein, dass die alte Dame weiß, wo sich im Hause Nell die Nudeln be-

finden. Oft genug hat sie die Tüte bei ihren München-Besuchen sorgfältig verräumt, um mir die kleine Freude des Wiederfindens zu gönnen, denn bekanntlich ist Blut dicker als Wasser.
»Keine Ahnung«, sagt sie freundlich, »aber hast du schon mal im Schlafzimmer nachgeschaut?«
Ich lege rasch auf, damit die alte Dame meinen intensiven Schrei-Weinkrampf nicht missversteht und sich unnötige Sorgen macht. Nach einer Stunde intensiven Suchens sieht unsere Küche aus wie das Atelier eines künstlerisch hoch begabten Schimpansen. Nudeln sind immer noch nicht da, dafür aber die Kinder aus der Schule.
»Wie sieht das hier denn aus?«, zischt Kathrin, 17, flammenäugig. Verblüffend, wie mein sanftes, romantisches Kind seiner energischen Mutter ähnelt.
Wie schön, dass wenigstens Felix mein ruhiges Wesen geerbt hat. Er macht nicht viele Worte, sondern brummt nur diskret: »In diesem Saustall mag ich nichts essen!«
Auch gut! Geh'n wir eben essen. Felix als Hochleistungsbasketballer und Eishockey-Crack möchte ins Steakhouse. Ich bin mehr für solide bayerische Hausmannskost. »Mit zwei, drei Knödeln«, ergänzt Kathrin und tätschelt mein Asketenbäuchlein. Sie möchte zum Thailänder. »Ist gesund und macht schlank, genau das Richtige für dich«, sagt sie, und wiederum sehe ich Anna im fernen Hamburg feinsinnig lächeln.
Wir haben uns schließlich auf einen Italiener geeinigt. Er hat Reis, Steaks, und ich bekomme endlich meine Spaghetti.
Dann rasch nach Hause. Wir müssen ja noch sauber ma-

chen. »Wir?«, fragt mein praktisch begabter Sohn gedehnt. »Diesen Saustall hast doch du angerichtet!«
Ich habe verstanden. Wo sind Besen und Staubsauger? Ich flitze die Treppe runter Richtung Keller, zwischen den Füßen unseren Kater Max, der mit eiserner Penetranz nach seinem Futter jault. Nach der dritten Stufe geht meine Abwärtsbewegung in den Tiefflug über, und als ich zirka eine halbe Stunde später aus der Ohnmacht erwache, bin ich doch tatsächlich im Keller gelandet.
Ah, da ist ja auch der Staubsauger. Torkelnd schleppe ich das Gerät nach oben und beginne grimmig Scherben aufzusaugen. Kathrin schreit entsetzt auf, dass man dafür Besen und Schaufel nehmen müsse. Ich sauge mit irrem Blick weiter. Bis sie mich aus der Küche wirft. Benommen wanke ich zur nächsten Couch, die mich sofort fest in ihren Klammergriff nimmt. Bin ich nun ein Opfer des Spaghetti-Syndroms? Oder sind es die Folgen meiner Staubsaugersuche?
Die nächsten Tage erlebe ich wie in Trance. Ich weiß nur so viel: Es gibt wundervolle Speisen. Kathrin kocht mit Hingabe fantastische Thaigerichte, Felix brutzelt unentwegt Steaks. Die Spuren und Trümmer beseitigt die nette polnische Zugehfrau unserer Nachbarin. Ich habe den guten Hausgeist aus dem Osten in einem lichten Moment für eine Woche engagiert. Er macht auch Frühstück und die Zimmer, füttert Max und hat am zweiten Tag sogar die Spaghetti gefunden.
Und wie ich da so liege und mein Strohwitwerdasein in mich reinfresse, fällt mir ein, dass es an der Zeit wäre, der Gemahlin einen Zwischenbericht zu geben. Mit matter

Stimme schildere ich ihr meinen und der Kinder aufopferungsvollen Einsatz im Haushalt.
Ich vergesse auch nicht, das goldene Herz sowie das überaus vorteilhafte Äußere unseres neuen Engels aus dem Osten lobend zu erwähnen. Mag sein, dass meine Stimme dabei ein wenig ins Schwingen gerät.
Jedenfalls wird Madame andächtig still. Nun lächelt Leo feinsinnig wie sonst nur seine Anna.

Im Fußball-Delirium

Endlich darf Leo über sein Lieblingsthema schreiben! Einem Mann in meinem Alter bleiben ja nicht mehr allzu viele Leidenschaften: Autos, zum Beispiel, interessieren mich schon längst nicht mehr. Das Thema Frauen können wir mangels Nachfrage auch langsam abhaken – wer will schon einen Leo mit leichten Gebrauchsspuren? Mein Familienleben reflektiere ich ja ständig, übrigens sehr gern. Und über Geld spricht man nicht, es sei denn, man hat genügend davon. Dann hätten wir noch mein leicht spinöses Faible für französische Rotweine der gehobenen Kategorie, was sich beharrlich auf die Grenze zum Wahnsinn zubewegt.

Doch richtig durchbrochen wird diese Schallmauer erst, wenn ein Mann in kurzen Hosen eine Trillerpfeife in den Mund steckt und kräftig hineinbläst. Dann erwacht das Tier in mir, der Urmensch, der sich hemmungslos seinen Gefühlen und Instinkten hingibt. Ich liebe und hasse, leide und lache nahezu gleichzeitig. Stoße gutturale Laute aus, die an jene prähistorischen Tage erinnern, als die Sprache noch nicht erfunden war. Manchmal durchläuft ein seltsames Zucken meinen Körper, was mein Sohn Felix, boshafte 13, recht drastisch, doch nicht ganz unzutreffend kommentiert: »Epileppy, aber happy!«
In diesen glücklichen Stunden wird Leo zur Cheetah. Und ich genieße es.
»Was solle machen?«, würde mein Freund Giovanni T. einwerfen, der mit seiner genialen Wut-Performance im Fernsehen mein Lieblingsthema auch im allerhintersten Winkel Deutschlands populär gemacht hat. Kann man machen gar nix. Ich bin nun mal verrückt nach Fußball. Und ich stehe dazu.
Natürlich bin ich nicht so blöd und laufe auf einer grünen Wiese dem Ball hinterher, um mir die Beine zu brechen. Fußball ist für einen kreativen Charakterkopf wie mich eine interaktive Leidenschaft. Besonders jetzt zur Weltmeisterschaft, wo meine Jungs den Titel holen, weil »we are the champions«, wie wir Fußballer zu sagen pflegen. Und wenn nicht, dann ist Berti aus Korschenbroich endlich reif, die Pfeife. Und die anderen Flaschen auch. Stimmt es also wirklich, dass »Fußball eine weltumfassende Geisteskrankheit« ist, wie es Dieter Hildebrandt selbstkritisch erkannte?

Leo möchte dem das Wort des Kulturmenschen Hellmuth Karasek entgegenhalten: »Fußball ist das erfolgreichste Theater der Neuzeit.« So isses, Herr Kollege. Meine Passion, zum Beispiel, beginnt schon am Nachmittag, und manchmal habe ich auch Publikum – wie ein Fakir. Interessiert beobachten meine Lieben (dazu gehört auch mein Kartäuserkater Max), wie ich mich im Fernsehsessel quäle. Ich starre angestrengt auf das Geschehen vor mir, bis die Augen aus den Höhlen treten. Leide Höllenqualen, wenn die Slow Motion zum fünften Mal hintereinander das Tor gegen meine Mannschaft zeigt und der Schwachkopf von Reporter hämische Bemerkungen über die Reflexe unseres Weltklasse-Torwarts macht.

Mühsam stemme ich die eine oder andere Bierflasche, schiebe mit letzter Kraft eine kahle Platte, auf der sich vorher ein lieblicher Hügel von belegten Broten, sauren Gurken und Kartoffelchips erhoben hatte, weit von mir. Mit ersterbender Stimme verwünsche ich den korrupten Drecksack von Schiedsrichter, der vorhin ein völlig reguläres Tor meines Teams wegen Abseits aberkannt hat – und gerade für einen Elfmeter für meine Jungs pfeift, der brave Mensch, der brave.

Schließlich, nach dem Schlusspfiff, weiß ich endlich, was mein Freund Giovanni gemeint hat, als er nachdenklich brüllend philosophierte, manche seiner Kicker seien »schwach wie Flasche leer«.

So geht es mir auch, aber ich möchte nicht klagen, denn die Pflicht ruft erneut: Das nächste Länderspiel beginnt nach der Tagesschau; ich habe keine Zeit zum Verschnaufen, weil der Schiedsrichter gleich anpfeift und ich mir gerade eine tierisch geile Joghurt-Werbung reinziehe. Da unterbricht meine Gemahlin den Funken sprühenden Spannungsbogen. »Was ist eigentlich Abseits?«, fragt Anna scheinheilig. Das hat sie ganz bewusst gemacht. Immer wenn es spannend wird, fragt sie nach der Abseitsregel, obwohl ich sie ihr an die tausend Mal geduldig schreiend erklärt habe.

Mein lieber Sohn Felix behauptet bei diesen Gelegenheiten stets, ich selber würde sie nicht kapieren und mich mit meinem Fußballverstand knapp unterhalb des Niveaus von Werner Hansch, dem gemütvoll-schlichten Kicker-Kumpel von SAT 1, bewegen.

Ich schlucke vor Freude über dieses wundervolle Lob – und stoße sofort einen Wutschrei aus, weil Berti meinen Liebling, dessen Namen ich aus Proporzgründen hier verschweige, nicht mitspielen lässt.

Völlig überraschend meldet sich meine 17-jährige Tochter zu Wort. Ausnahmsweise zieht sie mal nicht die Show ihrer üblichen Hetztiraden – »Fußball ist prolo!« – ab. Kathrin hat vermutlich einen Sketch von Didi Hallervorden auswendig gelernt, denn alle zwei, drei Minuten stößt sie einen überschnappenden Schrei aus: »Aaach, ist das aufregend!« Das nehme ich noch ziemlich gelassen hin, doch als sie auf den Fernseher deutet und fragt: »Und wer ist der Herr dort in Schwarz? Ein Priester?«, da beiße ich verzweifelt in Max' Schwanz, der mir daraufhin in aller Freundschaft seine Krallen über die Wangen zieht. Fußball ist Kampf, das habe ich immer gesagt.

Wie ich aus dem Delirium erwache, höre ich den Vollidioten von Reporter ins Mikro ächzen: »So viel vom Fußball, und nun zum Sport.«
Wiederum fällt mir mein verehrter Freund Giovanni T. ein, der auf dem Höhepunkt seines Wirkens bescheiden anmerkte: »Ich habe fertig!«
Ich auch. Und die alle andere habe fix und foxi. Capice?!

Auf Hemingways Spuren

Wenn draußen der bleiche Sommermond am Himmel steht und die Grillen zirpen, kriegt Leo Sehnsucht nach der Ferne, und er hebt an zu heulen wie ein einsamer Wolf. Leider haben ihm seine naturfeindlichen Nachbarn diese Freude schon vor Jahren gründlich verdorben und irgendwelche Notrufnummern angerufen, sodass nur wenige Minuten später grün gewandete Männer mit flachen Hüten und schwarzen Pistolengürteln in sein Revier eindrangen.

»Was darf es sein, Fremde?«, hat Leo rau, aber herzlich den Männern zugerufen. Doch die haben nur geknurrt und ein Ordnungsgeld wegen nächtlicher Ruhestörung verhängt. Seitdem jault Leo nicht mehr, er erzählt. Zum

Beispiel von der Freiheit da draußen in der Wildnis. Und von der Zeit, als er noch ein Waldbauernbub war …
Jeden Sommer pflege ich mit Hingabe dieses Ritual. Ich bin nun mal ein Naturkind, das nicht mehr mit ansehen kann, wie sein Sohn im Ghetto der Schwimmbäder, der Basketballhallen, beim Inline-Skating, in Eisdielen und vor der Glotze verkümmert. Warum, zum Teufel, spürt nicht auch er den Ruf der Natur?
»Keine Chance«, grinst Felix, mein 13-jähriger Stammhalter. »Aber vielleicht solltest du etwas weniger rauchen oder öfter mal an die frische Luft gehen.«
Wir machen einen Abenteuerurlaub – mit Zelt und Angel!
Ich hasse diese Art von Schlagfertigkeit, ein typisches Anzeichen für die Degeneration des Stadtmenschen. Da möchte man sich am liebsten ganz zur Natur zurückziehen. Das mache ich auch. Und zwar in die Einsamkeit des Biergartens.
Wie ich wieder mal von so einer Flucht in meine wahre Heimat zurückkehre, ist meine Seele derart geläutert, dass ich fröhlich Versprechungen ausstoße. Es sei jetzt endgültig: Raus aus der Zivilisation. Zurück zu unseren Wurzeln. »Wir machen Männerurlaub, mein Sohn! Mit Zelt, Paddelboot und Angel!«
Anna, die Gemahlin, fragt mich aufreizend gedehnt: »Wirklich?« Schamlos behauptet sie, dass ich jedes Jahr einen solchen Natur-Trip angekündigt habe und mir jedes Mal etwas dazwischengekommen sei, eine schwere Sommergrippe etwa oder – wie im letzten Sommer – ein Hexenschuss.

Daran kann ich mich beim besten Willen nicht erinnern. Waldmenschen wie mir sind solche Leiden völlig fremd. Also hole ich mein Fahrrad aus der Garage und drehe ein, zwei Runden, um der Skepsis meiner Familie endlich den Garaus zu machen.
Als ich nach zwei, drei Stunden heiter schnaufend heimkehre und mein Kopf vor lauter Freude wie ein roter Ballon strahlt, schweige ich mannhaft und wende mich einem Glas jenes wunderbaren Naturgetränks zu.
Anna hat inzwischen einen Reiseplan ausgearbeitet. Felix knurrt nur, dass er absolut keine Lust habe, »im Zelt zu pennen und Dosenfraß mit Sand und Ameisen« essen zu müssen. Schließlich habe er Ferien, und andere Väter führen mit ihren Söhnen nach Kanada zu den Spielen berühmter Eishockey-Clubs oder in die Karibik.
Doch Anna bleibt hart, und dafür bin ich ihr noch heute dankbar. Ihr Plan sieht vor: eine Woche mit dem Rad an einen Wildfluss im Fränkischen, sechs Nächte im Zwei-Mann-Zelt. Verpflegung von der Flamme des Campingkochers. »Das Angelzeug habe ich auch eingepackt, denn schließlich muaat du dem Kleinen mal zeigen, wie sich ein echter Mann in der Wildnis ernährt.«
Wir starten an einem Freitagmorgen. Vorher habe ich noch Satteltaschen für die Fahrräder, ein Zwei-Mann-Iglu-Zelt, Thermomatten, zwei Schlafsäcke, einen Spirituskocher inklusive Kochtopf und Bratpfanne, eine Angel für Felix plus Zubehör, einen Verbandskasten, zwei Fahrtenmesser, kurze Hosen für mich und eine halbe Tonne Proviant gekauft.
Wir fahren mit dem Zug zu einem Bahnhof, der am

nächsten zu jenem fränkischen Wildfluss liegt. Das bedeutet: mit dem Eilzug von München nach Nürnberg, dann umsteigen in den Nahverkehrszug nach Bayreuth, schließlich noch mal mit dem Schienenbus zum oberfränkischen Wildfluss-Bahnhof.

Und immer mit den Fahrrädern, den vollgestopften Satteltaschen und der halben Tonne Proviant rein in den Gepäckwagen und wieder raus.

Leider ist der oberfränkische Wildwasser-Bahnhof doch nicht so nah am Wildfluss, wie wir dachten, und wir strampeln durch den erfrischenden Platzregen, wobei sich mir manch lustiger Fluch entringt, während Felix ausgelassen schimpft. Immerhin erreichen wir kurz nach Sonnenuntergang unseren Campingplatz und erheitern die anderen Gäste mit einer spontanen Show-Einlage: Ich baue unser Zelt auf. Gegen Mitternacht habe ich auch den Spirituskocher bereits in Gang gesetzt. Ich brate uns Eier mit Speck, das war auch im Wilden Westen immer so, mit Joe, Slim und den anderen Jungs. Als ich das erzähle, bemerke ich, dass Felix eingeschlafen ist und Eier plus Speck verbrannt sind.

Ich wickele meinen Sohn in den feuchten Schlafsack, esse einen Zwieback und schlafe schließlich auf meiner Thermomatte ein, die fröhlich auf dem Wolkenbruchwasser gluckert. In dieser wunderbaren Nacht träume ich von einer Kajakfahrt auf dem fränkischen Wildwasserfluss. Am nächsten Morgen bin ich gebadet; der Regen hat mittlerweile die Imprägnierung des Zeltes durchschlagen. Der Tag dämmert, die beste Zeit zum Angeln. So, mein Sohn, jetzt gehen wir fischen. Während der nächsten fünf, sechs Stunden erzählte ich meinem Partner Hemingways tragische Geschichte vom alten Mann und dem Meer. Felix sagt: »Der Alte hat wenigstens noch einen Hai gefangen, du noch nicht mal einen Frosch.« Fröhlich lachen die Fischer über meine Angelversuche. Das kann nur daran liegen, dass die Fische der jetzigen Generation genauso dekadent sind wie wir und ums Verrecken nicht beißen wollen.

Ein letzter Versuch: Ich werfe den Blinker in elegantem Bogen Richtung Gewässer; der Metallköder bleibt in der Krone einer Erle hängen, was wiederum herzliches Lachen bei anderen Fischern hervorruft.

Jetzt reicht's. Jetzt heißt es handeln wie ein Mann: vom Campingplatz aus beim nächsten Taxi-Unternehmen anrufen. Fahrt zum nächsten Landgasthof, einquartieren in ein komfortables Doppelzimmer, eine heiße Dusche und ein fürstliches Diner (Bachsaibling!) im Restaurant des Hauses.

Am nächsten Morgen holen wir unsere Ausrüstung und quartieren uns für den Rest der Woche in der festen Behausung ein.

Beim Frühstück schreiben wir Anna die erste Karte. Ich schildere bescheiden unseren nächtlichen Kampf gegen die feindliche Natur und dass wir weiterhin auszuharren gedenken. Und Felix merkt ganz nebenbei an, dass er bereits am ersten Tag einen zehnpfündigen Hecht gefangen habe. Da vermag ich meine Rührung nicht mehr zu unterdrücken. Sanft streichele ich meinem Naturkind über das ungebändigte Haar. Dann stoßen wir beide den Tarzanschrei aus. Und holen uns noch ein wenig Lachs vom Büfett.

Die Leo-Passion

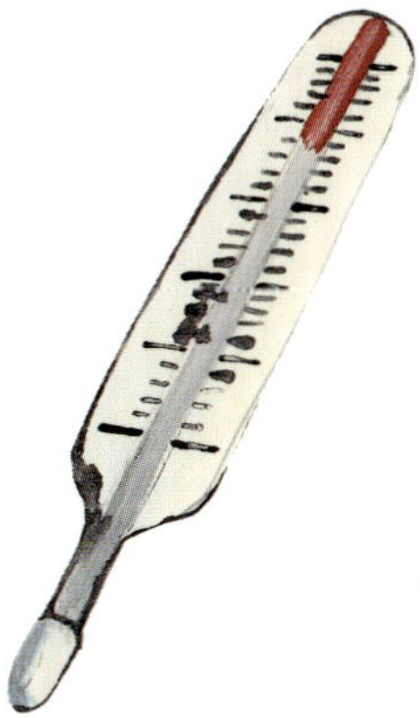

Leo leidet. Nein, Freunde, ihr braucht gar nicht so blöd zu grinsen. Diesmal ist es wirklich ernst. Eigentlich bin ich schon viel zu schwach, um über meinen Zustand zu reden.
Nur so viel:
Mein Kopf! Mein Hals! Die Brust wie zugeschnürt. Mein armes, altes Herz.
Wenn ich nur könnte, hätte ich mich längst ins Bett geschleppt.
Aber da lieg ich ja schon seit Tagen. Wie in einer Gruft. Schweißgebadet, mit bleichem Antlitz und Augenrändern wie auf dem Turiner Grabtuch.

Die zerknüllten Zeitungen neben meinem Lager haben mich völlig deprimiert; der Fernseher dröhnt in meinen Ohren. Sogar das Weißbier schmeckt schal wie Hagebuttentee. Umgekehrt hätte es mich vielleicht noch einmal beleben können. Aber so ...

Also gut, es soll nicht sein.

Was soll ich noch lange rumflüstern: Es geht rapide dem Ende entgegen. Soeben habe ich das berühmte gleißende Licht am Ende des Lebenstunnels erblickt. Es ist so weit!

Eine robuste Stimme reißt mich wieder ins Diesseits zurück. Und ein harsches Rasseln. Als ob ein wahnwitziger Voodoo-Doktor mit seinem Zauber auf mich niederfährt.

Die Gemahlin zieht die Roll-Läden vor meiner Bahre hoch. Ruft, nein – grölt, dass es sogar den Fernseher übertönt: »Endlich frische Luft. Wurde ja auch mal Zeit!«

Dann, gewaltig wie ein Orkan: »UND DU, STELL DICH NICHT SO AN!«

Das Sonnenlicht schießt blindwütig in meine Augen. Oh, meine armen, alten Augen. Meine Trommelfelle vibrieren matt. Der Fernseher und Annas rustikale Pflegemethode sind einfach zu viel für meine absterbenden Organe.

Wo sind die Schweißtücher? Wo der letzte Trunk? Gibt es unter diesem Himmel denn keine Menschenseele mehr, die sich eines Dahinsiechenden erbarmt?

Mein Sohn Felix steht im Türrahmen, ein grober, 13-jähriger Riese mit Füßen wie U-Boote. Gesund wie ein junger Baum.

ENDE

Felix lächelt sein abgekupfertes Chinesenlächeln, grausam: »Hier, Leo, fang! Deine Tempos!«
Ein Paket fliegt durchs Schlafzimmer, klatscht auf meinen eingefallenen Bauch. Schmerzen, irrsinnige Schmerzen.
Und was ist mit dem Trunk? Anna bringt ein ekelerregendes Gebräu von Fencheltee mit Honig. Damit hat man schon im Mittelalter Pestkranke vergiftet. Meinst du nicht, dass Vitamin B viel wirkungsvoller wäre, mein Herz? B wie Bier, rein und brunnenkühl, Liebste?
Anna grinst. Ich zitiere mit ersterbender Stimme Heinrich Heine. Folgende Zeilen hat mein großes Vorbild in seiner Matratzengruft geschrieben:
»Der Hals ist mir trocken, als ich verschluckt
Die untergehende Sonne.
Herr Wirt! Herr Wirt! Eine Flasche Wein
Aus eurer besten Tonne!«
Niente. Keine Reaktion, außer diesem wirklich saudummen Grinsen.
Mein Töchterchen Kathrin schleicht sich ins Zimmer. Will auch sie sich an meinem Untergang weiden?
Aber nein! Sie reicht mir freundlich ein Gesundheitsjournal, blättert hilfreich die Stelle auf, die mich trösten soll. Ach, mein Kind, ich bin doch viel zu schwach zum Lesen.
Da liest sie mir mit fester Stimme und zuckenden Mundwinkeln vor. Eine Abhandlung über die Auswirkungen der Asiatischen Grippe. Bei einer der letzten Epidemien sollen Zehntausende ihr Leben gelassen haben.
Sag ich doch die ganze Zeit! Endlich jemand, der mich versteht. Ach, mein gutes Kind, mein braves. Ich werde dir meinen Weinkeller vermachen. Und meinen wachen

Geist. Du sollst leben in mir fort. Oder war das umgekehrt?
Kathrin flüstert Anna etwas ins Ohr. Beide lächeln mild, während ich in einem Silo voller Tempotaschentücher versinke. Der Katarr rüttelt mich wieder hoch.
Hab ich richtig gehört? Kamille? Oh, nein, mein Lieben. Keine Kamille. Alles, nur keine Kamille!
Ich hasse Kamille. Den Anblick, und dann erst den Geruch.
Mir wird schlecht davon, so übel, dass meine edle, bleiche Gesichtsfarbe ins ordinär bräunlich Gesunde wechselt.
Ich tue alles, wirklich alles, nur nicht diese widerwärtige Kamille-Inhalation. Ich werde sogar sofort gesund, wenn ihr mir diese Tortur erspart. Bitte, bitte!
Sie haben ein Einsehen. Verlassen kopfschüttelnd das Zimmer. Aus den Augenwinkeln erkenne ich gerade noch, wie sich Kathrin an die Stirn tippt. Sie kann nur ihre Mutter meinen.
Ich sinke in meine Kissen zurück. Wieder bleich, aber gefasst. Geschafft, lasst mich endlich vergehen. Ohne Kamille.
Ich rezitiere mit hohler Stimme meinen Heinrich Heine:
»Nachts, erfasst von wildem Geiste,
Streck ich die geballten Fäuste
Drohend aus – jedoch erschlafft
Sinkt der Arm, mir fehlt die Kraft.«
Endlich geht es mir wieder gut.

Telefon-Terror

Der Drang, sich anderen Menschen mitzuteilen, wächst allmählich ins Gigantische. Auch Leo kann sich dem nicht völlig entziehen. Und so ist die Gefahr, dass aus einem großen Schweiger – wir können getrost sagen: aus einem großen, charaktervollen Schweiger – ein Plapperheini wird, leider nicht auszuschließen. Das ist die gute Nachricht.

Und die schlechte? Ach ja, es gibt immer wieder Tage, an denen sich das totale Funkloch über uns stülpt. Das große, finstere Schweigen.

Mich hat seinerzeit schon ein gleichnamiger Film aus Schweden deprimiert, vor allem jene weltberühmte Szene, in der zwei sich nahe stehende Menschen aus Ermangelung an wohnlichen Räumen in einem Kinosessel ausgiebig herzen und der weibliche der beiden Menschen in heftiges Wehklagen oder Ähnliches ausbricht, weil

dieser vermaldeite schwedische Sitz überhaupt nicht kommod ist.
Wenn ich mich nicht täusche, hat seinerzeit die schwedische Möbelindustrie sehr schnell reagiert und Ikea erfunden. Seitdem hat man aus Schweden keine Klagen mehr gehört.
Wo waren wir stehen geblieben? Ja, richtig, beim Schweigen. Manchmal dröhnt es regelrecht durch unser Haus. Das heißt: Alle Telefone stehen still.
Das kommt aber nicht allzu häufig vor – und wenn ich ehrlich bin, genieße ich diese Ruhephasen. Dann hänge ich kühnen Gedanken nach, zum Beispiel: Wen könnte ich mal wieder anrufen?
Denn Leo stellt sich den Anforderungen der Zeit. Gründlich. Vor allem, wenn es um Kommunikation geht.
Wir bewältigen sie, wie Milliarden andere Menschen auch, mit einem Telefon. Wobei ich zugeben sollte, dass »ein« Telefon eine leichte Untertreibung ist.
Hätten wir nur ein Telefon, wäre unsere Familie längst zerbrochen. Nur ein Telefon bedeutet: gnadenlose Auslese beim mörderischen Kampf der Kommunizierenden; der Sieger telefoniert – ununterbrochen, weil er ja seinen Platz am Hörer behaupten möchte. Ermüdungserscheinungen oder gar Sprechhemmungen würden von der Konkurrenz erbarmungslos geahndet.
Nur ein Telefon wäre ein Rückfall in die Steinzeit, an die ich mich noch recht gut erinnern kann. Damals hatten wir nur ein Telefon, und das pflegten meine Eltern an Sonn- und Feiertagen zu benutzen. Ich bekam den Hörer nur dann gereicht, wenn Oma oder Opa Grüße aus-

richten wollten. Ich war also der Letzte in der Kette der Telefonierenden – und das wollte ich nie wieder sein.
Wir haben elf Telefone, und wie es aussieht, werden es nicht wesentlich mehr werden. Elf sind genau richtig. Elf ist eine gute Zahl, auch der Deutschen Telekom und ihren diversen Konkurrenten bereiten unsere elf Anschlüsse große Freude.
Früher hatten wir wesentlich weniger Telefone. Doch dann kam ISDN – was immer das auch sein mag –, und unsere Anschlüsse vermehrten sich wie die Karnickel.
Einen Apparat habe ich in meinem Büro. Zu diesem Anschluss gehört ein zweiter Apparat, der unten im Esszimmer steht, damit ich nicht immer hochrasen muss, wenn es im Arbeitszimmer klingelt, was stets der Fall ist, wenn ein Braten auf dem Tisch steht und ich ein gutes Fläschchen Bordeaux geöffnet habe.
Dann besitzen wir noch eine Privatnummer mit drei Apparaten: einer ebenfalls im Esszimmer, einer im Wohnzimmer und einer im Schlafzimmer.
Hinzu kommen die Anschlüsse von Kathrin, unserer Tochter, und Felix, unserem Sohn. Schließlich steht in meinem Büro noch ein Faxgerät.
Und dann wären da noch drei Mobilgeräte, sprich: Handys. Eins für Anna, meine Gemahlin, eins für Kathrin und eins für Leo. Mobil gesehen, bleibt Felix außen vor. Nicht mitgerechnet habe ich die beiden Internet-Anschlüsse in meinem Büro und von Felix' PC. Wir wollen nicht zu kleinlich sein.
Es könnte sein, dass irgendwann noch mal ein Internet-Anschluss für Kathrin hinzukommt und eventuell ein

Mobiltelefon für Felix, der auf Dauer seine Außenseiterrolle nicht akzeptieren wird. Ich habe ihm schon meines angeboten, doch mit »diesem vorsintflutlichen Teil« wollte er sich nicht bei seinen Freundinnen und Freunden sehen lassen.
Mit mindestens elf Telefonen im Haus lässt es sich prima leben. Es kommt so richtig Bewegung in die Hütte. Zum Beispiel, wenn es irgendwo klingelt, und keiner geht ran – bis sich schließlich Leo opfert. Oder mein Kartäuserkater Max. Doch den versteht man so schlecht. Alle Apparate haben unterschiedliche Signal- und Musiktöne. Vom erdschweren, sonoren Schellen bis zum hellen, fast hysterischen Fiepen.
Wenn sich alle elf Apparate gleichzeitig melden, was wirklich nicht häufig vorkommt, klingt unser Haus wie die Werkstatt eines durchgeknallten Ton-Avantgardisten. Leider ist die Zuständigkeit – wer reagiert auf welches Telefon? – bei uns noch nicht völlig geklärt. Außerdem habe ich auch noch kleine Schwierigkeiten, die einzelnen Signaltöne zu unterscheiden. War das jetzt eben mein Apparat oder Kathrins Handy oder Anna auf unserer Privatnummer?
Die Kinder reagieren nur auf die Zeichen ihrer Anschlüsse, und das auch nur unregelmäßig.
So flitzt Leo wie Tarzans Cheetah durchs Haus, hebt bald diesen Hörer ab, bald jenen, bis er schließlich feststellt, dass es der Anschluss in seinem Büro war, den er schließlich mit letzter Kraft erreicht, doch leider zu spät. Der Anrufer – war es die Lottogesellschaft oder das Komitee für die Vergabe des Friedensnobelpreises? – hat mittler-

weile aufgelegt. Dann pfeift sich Leo eins und verlässt das Haus, das klingelnd und scheppernd zurückbleibt.
Nicht minder spannend sind die Anrufe von auswärts nach Hause.
Erster Versuch: unser Privatanschluss. Er ist besetzt.
Zweiter Versuch: Büro. Der Anrufbeantworter.
Dritter Versuch: Kathrins Telefon. Besetzt, logo!
Vierter Versuch: Felix' Telefon. Geht keiner ran, auch logisch!
Fünfter Versuch: Annas Handy. Es meldet sich die Mailbox.
Sechster Versuch: Kathrins Handy. Besetzt. Vermutlich telefoniert sie mit sich selbst.
Siebter Versuch: das Fax im Büro. Besetzt. Entweder ist die Papierrolle leer, oder Max schickt seiner Freundin von nebenan einen Schmusegruß, oder Kathrin erhält gerade die Wegbeschreibung zu einer Party, die ausnahmsweise mal nicht bei uns stattfindet.
Achter Versuch: Ich wähle meine Handynummer. Besetzt. Ach Leo, du Dummerchen, damit probierst du es doch schon die ganze Zeit!
Als ich das letzte Mal dieses Erlebnis hatte und später in der Zwangsjacke aufwachte, beschloss ich, mein Leben radikal zu ändern. Ich schrieb einen Brief.
Jetzt müssen nur noch die anderen die brandneue Herausforderung des 21. Jahrhunderts annehmen: lesen lernen.

Champagner für die Lehrerin

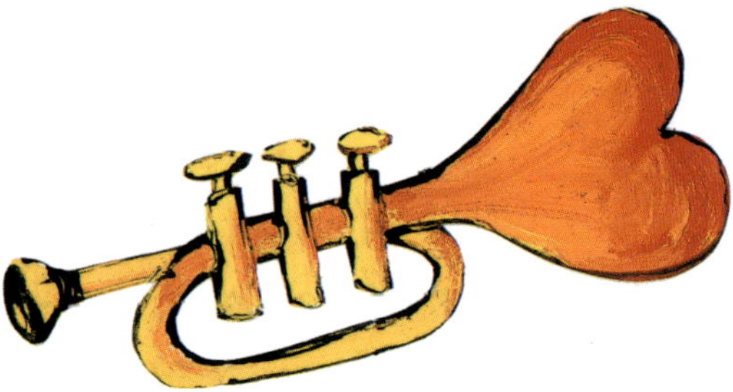

Neulich fragte mich ein Freund, wann ich eigentlich zum letzten Mal in der Elternsprechstunde gewesen sei. Er dehnte das Wort derart angewidert, als handele es sich dabei um einen Besuch beim Urologen oder Finanzamt oder beidem, wobei die Reihenfolge völlig egal ist, es sei denn, der Finanzbeamte arbeitet nebenbei (zwecks Volksnähe) als Urologe, was freilich umgekehrt weniger häufig vorkommen soll.

Flugs wollte ich erwidern, dass für solche Besuche meine Frau zuständig sei. Doch dann besann ich mich rechtzeitig eines Besseren, oder wie immer man das nennen mag. Jedenfalls tat ich so, als sei Elternsprechstunde ein

Antiwort für mich, ähnlich bescheuert wie zum Beispiel Maschendrahtzaun.
Und ich tat so, als kämen die Lehrer zur Audienz – oder Autogrammstunde? – zu mir nach Hause: also zur Leo-Sprechstunde. Dabei vergaß ich nicht, beiläufig die außerordentliche Brillanz des Gastgebers, die naturgegebene Intelligenz meiner Kinder – »Woher sie das wohl haben?« – sowie meinen Weinkeller zu erwähnen, der verständlicherweise für manch einen armen, ausgezehrten und nach Wohlgeschmack dürstenden Schulmeister das Ziel seiner klammheimlichen Toskana-Träume sei.
Mein Gesprächspartner schaute mich trübe an und ging stumm von dannen. Ich glaube, er weinte bitterlich.
Alles Lüge. Alles kindisches Machogehabe, brüllte ich empört den Leo in mir an: Wie konntest du nur den armen Kerl so fertig machen? Der glaubt doch alles, deswegen rennt er unentwegt in die Elternsprechstunde, wo fremde Männer und Frauen seinen Nachwuchs schändlich niedermachen und dabei ihn, den Erzeuger dieser Brut, wie einen Versager anschauen, als säße er auf der Schulbank, was er ja tatsächlich auch tut: setzen, Sechs!
Ich kenne Väter, die derartige Demütigungen ganz offensichtlich genießen, denn sie sind ständig Gast in Elternsprechstunden. Diese Typen sind mir schon zu Kindergartenzeiten aufgefallen; sie zogen auf dem Fahrrad ihre Kleinen in komischen Anhängern mit lächerlichen Fähnchen hinter sich her. Und nun hocken sie wie Mondsüchtige in diversen Elternsprechstunden und lauschen mit tiefster Betroffenheit der Abrechnung mit ihrer stümperhaften Erziehung.

Sollen sie doch machen. Aber nicht mit mir. Nicht mit Leo!
Das hab ich mir nämlich schon als Kind geschworen, als mein Vater deprimiert von den Elternsprechstunden heimkam.
Natürlich war auch ich schon in Elternsprechstunden. Ich ging stolz hin, als Kathrin ein halbes Jahr auf dem Gymnasium war, um Huldigungen entgegenzunehmen: zu hören, wie mein Kind endlich die Sonne in diesen grauen Höhlenbau gebracht hat, wie verzaubert der Lehrkörper von ihr war.
Und was passierte? Einer dieser urologischen Finanzbeamten fiel über mich und Kathrin her. Mein Töchterchen sei eine ungezogene, geschwätzige Göre, völlig undiszipliniert und vermutlich auch zu doof – das sagte er nicht expressis verbis – für die mathematischen Anforderungen der höheren Schule. Dabei funkelte in seinen Augen die nonverbale Frage: Woher sie das wohl hat?
Noch heute träume ich davon, wie der Kerl vor mir im Staub greint, nachdem ihn meine gerechte, aber knochentrockene Linke zu Boden gestreckt hat. Seitdem gehe ich nur noch aufrecht, mit offenem Stahlblick, zur Elternsprechstunde, das Kinn nach vorne gereckt wie John Wayne am Rio Bravo.
Was soll ich Ihnen sagen: Es hilft! Mag sein, dass meine Ausstrahlung seit meinem Volkshochschulkurs über positives Denken noch mehr an Profil gewonnen hat. Vielleicht ist es aber auch der entschlossene Zug um den Mund, wenn ich auf Knien Kathrins Latein-Fünfer wegwinsele. Jedenfalls spüre ich ganz deutlich, wie die Leh-

Dm/C

rer bei der Elternsprechstunde immer intensiver auf mich eingehen, nachdem ich mein neues Fahrrad mit Fähnchenanhänger (in dem üblicherweise mein Kartäuserkater Max sitzt) ordnungsgemäß auf dem Schulhof geparkt habe.

Kürzlich hat mir ein Oberstudienrat für Chemie und Biologie unter Tränen gestanden, dass seine Tochter, eine Schulfreundin von Kathrin, einem jungen Referendar für Französisch und Kunsterziehung hörig sei, worauf ich ihm spontan die Hand schüttelte und als erster Gratulant herzlich auf die Schulter klopfte: »Mensch, Dr. Specht, altes Haus, das ist ja großartig. Dann bleibt ja alles in der Familie ...«

Ähnlich erfreulich verliefen meine Elternsprechstunden auch mit der neuen Musiklehrerin, einer zauberhaften Dame mit einem Lehrkörper wie Kim Basinger, weswegen ich zu unseren Treffen auch kleine Erfrischungen wie ein Fläschchen Champagner mitbrachte, damit es ihr an nichts mangele. Sie hat mich dann in die Reigen der Renaissance-Musik eingeführt, zu der ich entzückt mein Lieblingslied »Wenn bei Capri die rote Sonne im Meer versinkt« zu schmettern pflegte.

Das waren noch gelungene Elternsprechstunden, die nicht nur meinen Kindern, sondern auch dem Lehrkörper und mir viel brachten. Solche Erfahrungen und den einfühlsamen Austausch auf höchstem Niveau möchte ich einfach nicht mehr missen.

Übrigens hat mir jene Musiklehrerin mit dem berühmten Lehrkörper zugeflüstert, dass meine Gattin Anna in jüngster Zeit häufiger in die Elternsprechstunde zu einem jüngeren Kollegen für Sport kommt, um sich über die Steigerung der sportlichen Leistungsfähigkeit unseres Sohnes Felix zu unterhalten – und dabei das Informationsgespräch mit einigen Dehnungsübungen aufzulockern pflegt. Wofür der Kollege für Sport doch sehr dankbar zu sein scheint, denn er gibt ihr ständig Küsschen.

Das nenn ich Engagement.

Mittlerweile bin ich zu der Überzeugung gekommen, dass Lehrer auch nur Menschen sind, oder zumindest sein wollen, mit mehr oder weniger Erfolg. Sie tragen – wie die meisten von uns – auch ihr Päckchen und beklagen – ebenfalls wie wir alle – ihr Schicksal: suam sortem queri. Was man volksnah so interpretieren könnte: L.m.a.A.

Das wollen wir doch alle, nur das Beste für unsere Kinder. Dafür ist mir kein Opfer zu schade.

Als mir letztens der Geschichtslehrer meines Sohnes hocherfreut mitteilte, dass Felix seinen Unterricht mit ganz vorzüglichen Quasimodo-Darstellungen aufzulockern verstünde, ließ ich ihm zwei Eintrittskarten für das Musical »Der Glöckner von Notre Dame« nebst Flugtickets und Hotelvoucher zukommen.

Auch der Englischlehrer von Felix erfuhr meine Dankbarkeit. Weil der gute Mann etliche Jahre als Privatlehrer in Mexiko verbrachte und in mexikanischem Englisch auch für Russland schwärmt, erschien ich mit Poncho und Sombrero in seiner Elternsprechstunde und zückte gleich ein Fläschchen Wodka: »Nasdarowje, Hombre!«

Dem werten Kollegen für Deutsch schickte ich als präventive Gabe Eckhard Henscheids Jahrhundertroman

»Die Vollidioten«. Er schrieb mir zurück: »Leider fehlt jegliche Widmung, wenn ich das bestätige.«
Welch unverfälschte Sprachgewalt! Nachdem mir Dummerchen endlich der Sinn der Mitteilung aufgegangen war, verfasste ich einen Dankesbrief, in dem ich meiner Hoffnung Ausdruck gab, die reichen Früchte seines Talents mögen doch bitte auch meinem Sohn zugute kommen. Schließlich sei es eine »Tazache, dass Sie – wie auch ich! – sich selbst der Allernäxte sind.

Mitt Fereerung
Ihr Leo Nell«

Immer voll im Trend

Was für ein Anblick! Leo kurz nach dem Erwachen. Oder Leo als Schlafwandler? Jedenfalls: Leo vor dem Spiegel. Ich kann nur sagen: Teufel noch mal, Junge, du siehst gut aus. Echt geil!
Na ja, die einen sagen so, die anderen so. Doch die interessieren mich nicht. Ich hab genug mit mir zu tun.
Eigentlich könnte ich den Spiegel aus dem Bad reißen, ein Poster von Jack Nicholson oder Gérard Depardieu oder Elmar Wepper an die Wand nageln und mich danach rasieren. Oder ein Bild von Campino, der von den Toten Hosen. Doch wie komme ich jetzt darauf?
Da – hinter mir eine Stimme. Sanft wie ein Rasiermesser. Anna, meine herzensgute Frau, flötet scheinbar ver-

ständnisvoll: »Guten Morgen, mein Lieber. Wieder durchgearbeitet heut Nacht?«
So sind sie, die Frauen. Heucheln Verständnis, sogar Sorge – und tragen den Dolch im Gewande. Ich kann Annas Gedanken lesen: »Wie siehst denn du aus, du armes Würstchen? In deinem Alter sollte man morgens nicht mehr in Spiegel schau'n, das macht tierisch depressiv, gell.«
Schnell scheuche ich meine Kumpels Depardieu, Nicholson und Wepper hinfort. Nicht schnell genug, denn eine zweite Stimme ertönt aus dem Off. Sanft wie eine Kreissäge. »Ey, Leo, wie siehst denn du aus? Dreitagebart?«
Kathrin, mein zartes Töchterchen, steht im Türrahmen. Offenbar lag ich mit Depardieu & Co gar nicht mal so schlecht, denn aus Kathrins Augen leuchtet pures Wohlgefallen.
Sie schiebt ihren Kaugummi in die andere Mundhälfte und gibt mir einen guten Tipp: »Du ssschollteschcht disch nur alle drei Tage raschieren. Schieht escht rattenscharf ausch. Macht disch dschehn Jahre jünger. Escht geil!«
Ach, mein Kind, mein gutesch. Hoppla, jetzsch hab isch die Dschahnbürschte im Mund – 'tschuldiung – vergessen. Ich swinge aus dem Bad, leicht, aber souverän tänzelnd. Rap und Hip-Hop perlen durch meinen Kopf, wobei ich glatt den Treppenabsatz negiere. Doch zehn Minuten später, als ich die anschließende kurzfristige Benommenheit wie ein junger Hund abgeschüttelt habe, bin ich schon wieder putzmunter. War da was?

Ich schlurfe leichtfüßig in mein Arbeitszimmer, ziehe mir ein Computerspiel, z. B. Cool Boarders 3, rein und trällere gekonnt abgehackt die herrliche Volksweise »Zehn kleine Jägermeister«. Kater Max, mein grauer Karthäuser-Panter, zuckt im Takt mit und grapscht nach einem neuen Kaugummi mit Red-Bull-Geschmack.

Dann kommt mein Sohn Felix. 13 Jahre Dynamik. Unser puristischer Trend-Apostel, der mir sofort den Pearcing-Ring aus Zunge und Nabel reißen würde, wenn ich welche hätte. »Ist nämlich ober-prol«, grummelt er. Er selbst macht gerade eine Phase der Askese – mega-in! – durch und hat seinen leuchtend grünen Haarschopf wieder entfärbt.

Das ist ja interessant. Gerade wollte ich mir die Color-Mischung »Tiger« besorgen, Sie wissen schon, die Power-Streifen für die Haarpracht am Hinterkopf, denn da könnte ich noch etwas Unterstützung brauchen.

Aber gut, dann nehme ich eben Neonblond, das ist die Farbe des Winters und passt ideal zu meiner Sonnenbrille von Ray Ban, die ich mir immer verkehrtrum aufsetze, weil nur Spießer ihre Sonnenbrille politically und auch sonst correct tragen.

Upps, jetzt hab ich wohl was verwechselt! Ich meine natürlich die Baseballkappe, denn ich liebe Baseball. Bei mir sichert die Baseballmütze die Ideal-Linie nach hinten ab. Ist gut für die Aerodynamik der ganzen Gestalt. Der Gang wird gleich um 200 Pro lässiger und runder. Nicht so gehetzt wie bei den Büroheinis.

So geht Leo seiner Wege. Neonblond, Sonnenbrille, Baseballkappe.

Sein Walk – einfach sensationell. Dirty old Travolta, der Schmierlappen aus Pulp Fiction, würde vor Neid haltlos in sich hineinweinen, wenn er es sehen könnte.
Man muss eben mit der Zeit gehen, vor allem als Vater. Opa wirst du eh früh genug.
»Ey, Alter«, ruft von der anderen Straßenseite eine Horde von Kids mit Mountainbikes, »wohin des Wegs?« Ich schlappe mal rüber, greife in die Taschen meiner Dark Bluejeans und gebe eine Runde Red Bull aus. Dann muss ich weiter. Ciao, Ciao!
Dark blue müssen sie schon sein, die Hosen, auf keinen Fall verblichen stone washed, wie sie früher im Osten Europas und unseres Vaterlands rumgerannt sind. Und Sneakers braucht der Mann. Sneakers sind die Kinder von Turnschuhen, die sich heimlich mit Skistiefeln gepaart haben.
Was ist heute angesagt, Liebste? Kino oder Bar? True Romance oder Hooch? Nie von »Hooch« gehört: »Huutsch«? Ist ein supercooles Getränk, das einen auf Bier macht.
Anna ist heute nicht nach Ausschweifungen zumute. Vielleicht kommt sie sich neben meinem Outfit wie eine Provinzmaus vor. Jedenfalls mustert sie mich seit geraumer Zeit schon etwas seltsam. Mit einem dünnen Lächeln, das nur Neid bedeuten kann.
Gut, mein Herz, bleiben wir daheim, machen wir Musik. Musik hält jung. Auch dich.
Kathrin hat uns eine kleine Auswahl zusammengestellt, alles, was jetzt »in« ist. Meine Musik. Sting, Pink Floyd, Dire Straits. Schließlich Santana.

»Yeah«, sagt Leo, fährt sich über den Dreitagebart und fletscht cool das Raubtiergebiss. »Got a black magic woman.« Und noch mal, dann immer wieder: »Got a black magic ...«

Anna lächelt fein und schwingt, sanft wie ein Hammerwerfer, einen Baseballschläger rein zufällig in meine Richtung. Und schon bin ich in meinem eigenen Film, trendy wie immer: Leo rennt.

Arbeit für Leo!

Die Tatsache, dass Klugheit, gepaart mit unbeugsamem Fleiß, den Lebensrhythmus im Hause Nell bestimmt, erfüllt mein väterliches Herz mit tiefem Stolz.
Zum Beispiel gestern: Gerade habe ich noch bewundert, mit welcher Hingabe mein Sohn Felix seine Schultasche in die Ecke feuert, bevor er erschöpft auf sein Lager sinkt, da begebe ich mich höchstpersönlich auch schon aufopferungsvoll zum Briefkasten, um die Post der letzten drei Tage ins Haus zu schleppen – einfach Wahnsinn in meinem Alter!
Aber was sollte ich machen? Mein Töchterchen Kathrin hatte meine diesbezügliche Bitte freundlich abgelehnt: Nein, sie habe jetzt überhaupt keine Zeit für den Briefkasten, sie müsse erst ihre Fingernägel fertig lackieren,

dann dringend die gerade gekaufte CD anhören und anschließend eine kleine Siesta halten. Morgen sei schließlich auch noch ein Tag.

Heute ist tatsächlich ein anderer Tag. Die Sonne scheint, der Sommer naht, die Zeit der Sklavenarbeit. Plötzlich will auch mein Kind unbedingt arbeiten. Ausgerechnet in den Ferien, wo andere faul in der Sonne rumliegen und doofe Ansichtskarten an die daheim Zurückgelassenen schicken.

Das Kind will allerdings auch in die Ferien fahren. Nein, nicht mit uns, denn das wäre tierisch ätzend, sagt das Kind, das für solche Spießertrips schon viel zu groß ist. Das Kind wird ja nun bald 18. Da will es allein in die Ferien fahren.

Na ja, nicht ganz allein. Der Lover des Kindes fährt mit; der ist zwar auch noch ein Kind, aber schon ziemlich groß: ungefähr zwei Meter, mit Füßen wie ein Yeti. Und jetzt wollen die beiden in die Ferien fahren und mit ihren Füßen über den Strand von Jesolo oder Alassio laufen, was die armen, kleinen Italiener vor große Rätsel stellen wird. Aber das nur nebenbei.

So ein Urlaub im Süden kostet Geld, selbst für zwei große Kinder. Und weil die Väter beider Kinder zwar ziemlich großzügig, aber auch ziemlich arm sind, geht Kathrin die ersten drei Wochen ihrer Sommerferien arbeiten. Der Yeti auch. Letztes Jahr war er beim Bauern, ein Spezialistenjob: Er furchte die Spargelbeete für die nächste Saison – ganz ohne Hilfsgeräte. Ich verrate das nur, damit die Italiener rechtzeitig wissen, was auf ihre Strände zukommt.

Wo waren wir stehen geblieben? Ach ja, Kathrin jobbt. Das hat sie in den letzten fünf Jahren eigentlich immer gemacht, mein braves Kind.
Bereits mit 13 brachen bei ihr die Macher-Gene ihres Vaters durch: Kathrin führte die Hunde der Nachbarn Gassi. Gegen das beachtliche Gesamthonorar von 150 Mark im Monat. So kam es, dass auch ich des Öfteren einspringen musste, denn das Kind konnte ja schlecht den Riesenschnauzer meines Freundes Charly, einen Rauhaardackel und eine Yorkshireterrier-Dame namens »Dina« gleichzeitig ausführen. Dafür war der Rauhaardackel ein viel zu gemeingefährlicher Schwerenöter; und der Riesenschnauzer pflegte derweil auch noch gelangweilt zuzuschauen. Diese rüde Art von Sexualkunde wollte ich Kathrin unbedingt ersparen. Also ging ich mit »Dina«.
Das Bild, das wir dabei abgaben, führte zu großen Heiterkeitserfolgen: Erst bog die 15 cm hohe Hundedame um die Ecke, dann folgten vier, fünf Meter Ausziehhundeleine und schließlich der 190 cm hohe Leo, der unentwegt bettelte: »Platz, Dina, Platz.« Vermutlich hatte Dina aber den rüden Rauhaardackel im Sinn. Sie zog mich jedenfalls stetig weiter, Richtung Kathrin.
Schon bald wurde ich in unserer Umgebung »Dompteur« gerufen, wobei ich nach wie vor glaube, dass meine liebe Gattin Anna diesen Ehrennamen ersonnen und in Umlauf gebracht hat ...
Leider mussten Kathrin und ich den Hunde-Job bald aufgeben. Denn Dina hatte sich inzwischen in den Riesenschnauzer verguckt, und das wollte der Rauhaardackel nicht hinnehmen. Dramen über Dramen. Abge-

sehen davon: Als Kuppler waren wir uns nun wirklich zu schade.

Dann arbeitete Kathrin als Babysitterin. Dabei brach sie sich den Arm, als sie ein kniehohes Sicherheitsgitter an der Kinderzimmertür des Auftraggebers übersah und stürzte. Nach ihrem verzweifelten Anruf raste ich unter Missachtung einer blassroten Ampel (150 Mark Bußgeld, 2 Punkte in Flensburg) zur Wohnung von Kathrins Kunden, versorgte mein weinendes Kind, verständigte den Notarzt und versuchte dann drei weitere Stunden ziemlich erfolglos, das schreiende Kleinkind zu unterhalten, das sich auch nicht durch die Fernsehübertragung der Champions League beruhigen ließ. (Meine Mannschaft hat übrigens verloren!)

Als schließlich die Eltern des Schreihalses gut gelaunt von einem Kinobesuch mit anschließendem Kneipenbummel heimkamen und hörten, was sich in ihrem Haus abgespielt hatte, kündigten sie uns entsetzt. Auf unser Honorar warten wir heute noch.

Jetzt hat Kathrin allerdings einen vernünftigen Wochenendjob (mit Aussicht auf Weiterbeschäftigung in den Ferien). Sie arbeitet in einem nahe gelegenen Wirtshaus mit Biergarten. Schneidet Rollbraten portionsgerecht, löffelt Kartoffelsalat auf die Teller, verteilt kleine Senftütchen, zapft Bier und lächelt hinreißend, wenn das Trinkgeld in der Schale neben der Kasse klingelt.

Abgesehen von meinen Shuttle-Fahrten (hinbringen, abholen), einigen telefonischen Krankmeldungen beim Arbeitgeber (zum Beispiel wenn das Kind überhaupt keine Lust hat zu arbeiten, schließlich ist so eine Schulwoche

der reinste Stress!), bin ich erst zwei-, dreimal für Kathrin eingesprungen, als ihre jeweils beste Freundin eine Geburtstagsparty oder ähnliches gegeben hat.
Das klappt ganz gut: Ich verteile fantastische Scheiben vom Rollbraten, kübele Kartoffelsalat eimerweise auf die Teller, zapfe Bier, dass dem Wirt die Augen tränen, und brülle hinreißend, wenn kein Trinkgeld in der Schale neben der Kasse klingelt.
Nur eins passt mir nicht: Mit dem kurzen Röckchen, das die Bedienungen tragen müssen, kann ich mich nicht so recht anfreunden. Die Gäste übrigens auch nicht.

Der Li-La-Launebär

Alles wird gut – wenn einer so richtig gut drauf ist. So wie ich. Fit wie ein Turnschuh.
Wie man das erreicht? Ganz einfach:
Nur ein bisschen die Glieder dehnen, dass die Bänder erleichtert knirschen; ein wenig Seil hüpfen, dass Knie und Zwerchfell im zärtlichen Rhythmus des Techno-Sounds schlottern. Wenn dann der Infarkt nahe ist, zischt das Adrenalin – wie Viagra oder Weißbier oder beides zusammen – in die Blutbahn. Der bebende Körper japst total happy nach Luft, die Augen drehen lustige Pirouetten, weil dein Body dir ganz cool klarmacht: Hey, Alter, heute bist du wieder so richtig gut drauf!

Sie ahnen es sicher schon: Ich bin ein anderer Mensch geworden. Ich bin in Schwung, denn ich war in Urlaub. Im Club. Und dieser Club wurde zum Ashram meines Lebens.
Mein Baghwan war etwa 1,75 Meter groß, bartlos und roch richtig gut. Trug statt Turban einen blonden Pferdeschwanz, statt Wallegewändern ein knappes neonfarbenes Bustier und knackig enge Radlerhosen.
Baghwan machte eine wirklich ausgezeichnete Figur. Sie hieß Sue Ellen, und sie hat allerlei mit mir angestellt.
Seitdem ist Leo der große Bruder des Li-La-Launebärs.
Auch Anna, meine Gemahlin, explodiert neuerdings vor guter Laune. Sie war mit von der Partie.
Max, mein grauer Kartäuserkater, war nicht dabei. Alles wäre anders gekommen, wenn er dabei gewesen wäre. Wir hätten in den sternenklaren Nächten der Ägäis bei Retsina und köstlichen Lammkeulen im Kafenion gehockt, genießend und schweigend, weil Max in fremder Umgebung nicht viel quatscht.
Auch ich bin kein Kater von vielen Worten, eher einer der stillen Tat. Bisweilen tritt eine Wesensähnlichkeit zwischen uns beiden auf, die Außenstehende verblüfft, wenn zum Beispiel Max eine Flasche Chambertin aufreißt und ich eine Packung Trockenfutter, oder umgekehrt. Nicht so in diesen Ferien. Wir mussten uns trennen, Max und ich. Ich musste in den Club. Meine Familie hatte mich überstimmt.
Zunächst war mir bange. Wir, Anna und unsere beiden Kinder Kathrin und Felix, saßen im Taxi zum Flughafen – und ich fragte die Meinen, zugegeben etwas geistesab-

wesend, wann wir endlich zu Hause seien. Als Antwort bekam ich eine Taucherbrille in die Hand gedrückt.
Es gab eine kleine Verzögerung, als ich mit diesem Gerät auf der Nase durch die Passkontrolle gehen wollte. Die höfliche Frage des Grenzschutzbeamten, ob ich ein Idiot sei, konnte ich beim besten Willen nicht verstehen, weil das Gummiband einfach zu fest auf meinen Ohren saß. Stattdessen habe ich etliche Male den Mittelfinger steil nach oben gereckt, um ihm diskret anzudeuten, dass wir durch die Lüfte in andere Länder zu reisen gedenken, worauf mich dieser zuvorkommende Mann mit heftigen vertikalen Handbewegungen vor seiner Stirn, die mich an Scheibenwischer in der zweiten Geschwindigkeitsstufe erinnerten, verabschiedete.
Hinter mir: Chaos. Da kamen die Sauerstoff-Flaschen zutage. Und auch die Flossen. Rätsel über Rätsel. Was wollten meine Lieben mit dem ganzen Kram? Über den Wolken sagte mir Anna: »Alles für dich.«
So begann mein neuer Lebensabschnitt als Amphibie. Als Tennis- und Volleyball-Crack. Als Eintänzer, Bodenturner, Kunstschwimmer, Schach-Großmeister. Auch als scheintotes Unfallopfer, weil beim einführenden Erste-Hilfe-Kurs, Grundbedingung angesichts der zahlreichen anspruchsvollen Aktivitäten in unserem Club, alle Kunststoffpuppen bei Mund-zu-Mund-Beatmungsübungen zerplatzt waren und ich mich freiwillig zur Verfügung gestellt hatte.
Dabei lernte ich Sue Ellen kennen, unseren Baghwan der Fitness, der weitgehend an überflüssigen Textilien sparte. Ich war trotzdem – oder deswegen? – richtig gut ani-

miert. Als Erster federte ich kurz nach Sonnenaufgang zum täglichen Morgen-Stretching, von Sue Ellen hoch motiviert. Dehnte meine Kautschukglieder, bis die Arme beim Weg zum Frühstück auf dem Boden schleiften und mein stets zu Scherzen aufgelegter Sohn Felix mir den Tarzan-Griff zeigte. Er nahm mich bei der Hand und sagte: »Komm, Cheetah!«

Bereits eine Stunde später betrieb ich Aquagym, eine Mischung zwischen Aerobic und Kunsttauchen. Wir standen dabei bis zum Bauch im Wasser, Sue Ellen tauchte wie ein Nixe in die Fluten und wieder raus, reckte mal ihr wohlgeformtes Bein aus dem Wasser, mal ihr edles Antlitz und ab und an die Kehrseite ihres Tangahöschens. Es war wie Karneval in Rio.

Ich grinste unwiderstehlich wie J.R., vergaß aber leider den Mund zu schließen, als ich mich anschickte, einen neuen Club-Tauchrekord aufzustellen, um ihn Sue Ellen zu widmen. Nachdem ich den folgenden Erstickungsanfall souverän überwunden hatte, hörte ich mit meinen wassergefüllten Ohren wie aus der Ferne eine knappe Bemerkung meiner Gattin Anna, die mich irgendwie an jenen netten Grenzschutzbeamten auf dem Münchner Flughafen erinnerte.

Überhaupt, Anna: Erst schleppte sie die ganze Fitness-Ausrüstung für mich mit, aber wenn ich dann zu Sue Ellens Lektionen eilte, war es auch nicht recht.

Versteh einer die Frauen!

Nach etwa einer Woche musste ich feststellen, dass die maritimen Sportarten vielleicht doch nicht so gut für einen Kopfarbeiter aus Bayern sind. Beim Surfen, zum Bei-

spiel, spielte das Brett mit mir U-Boot. Beim Tauchen lag mir die Fortbewegung mit künstlich verlängerten Füßen überhaupt nicht. Außerdem halte ich Flaschen auf dem Rücken für pervers. Flaschen gehören in die Hand! Wasserski hab ich auch versucht. Nach rund 37 Lektionen, die mir meine Tochter Kathrin – der Club-Champion – erteilte, kamen wir zu dem Schluss, dass ich mich bei diesem Sport bestenfalls als Anker für das Boot eigne. Ich habe dann meine Clubaktivitäten mehr auf geistige Disziplinen verlagert. Beim Quiz über griechische Mythologie habe ich den zweiten Platz hinter meinem Sohn Felix belegt und für jede richtige Antwort einen Kartoffelchip, also insgesamt zwei, abgestaubt.
Auch beim heiteren Longdrink-Raten zur Happy Hour wankte ich stets aufs Siegertreppchen, nur einmal nicht. Da hatte die Sirtaki-Stunde schon etwas früher angefangen, und Sirtaki ist nun mal meine große Leidenschaft. Wenn die Bouzouki im Takt scheppert, schließe ich, von Gefühlen übermannt, die Lider, breite melancholisch die Arme aus und verknote meine Beine. Sollte da wirklich auch nur ein einziges Auge trocken bleiben?
So erlebte ich unter großer Anteilnahme des Publikums, das bewegt in homerisches Gelächter ausbrach, die eigene Wandlung zum Animateur. Oder Reanimateur? Egal, es war die einsame Stunde des Komödianten.
Die Meinen nannten es: Leos Horror-Picture-Show.
Nächstes Jahr fahren wir nicht in den Club. Man hat mich überstimmt.

Der Kampf in der Küche

Himmlische Düfte wehen durch die Gemächer. Sphärische Klänge auch: »Warum, zum Teufel, ist das Tranchiermesser schon wieder so stumpf? – Wo ist der Wetzstahl? – Und wo der Verbandskasten? – Schnell, mein Herz, ruf den Notarzt! Mein Gott, ich verblute!« Leo ist bester Dinge – denn Leo kocht. Kochen. Eigentlich eine viel zu banale Umschreibung für eine Tätigkeit, die sich – rein physikalisch betrachtet – mit der Veränderung von Aggregatzuständen befasst: Aus hart wird weich (oder umgekehrt), aus Flüssigem Gasförmiges. Zum Beispiel jetzt, da sich ein zartblauer Schleier mit dem kraftvollen Odeur von Ochsenschwanzsuppe auf Heizstufe sechs aus der Küche schlängelt. Ein archaischer Geruch. Genau so hat doch alles angefangen, damals, als der Mann noch Jäger und Sammler war und die Seinen mit Köstlichkeiten

aus der freien Wildbahn versorgte. Seinerzeit hat er auch das Kochen ersonnen.

Wenn ich mich recht erinnere, geschah das, als er mit seiner Steinzeit-Horde am Feuer saß und alle an rohen, toten Rehen und Mammutohren herumknabberten. Da muss ihm ein Stück Fleisch in die Glut gefallen sein, und weil er – schon damals! – nichts verkommen lassen konnte, klaubte er es aus dem Feuer – und der Rehrücken Baden-Baden (oder Ähnliches) war erfunden. Fortan brutzelte der Mann; ein Urtrieb, der übrigens heute noch bei Grillpartys beobachtet werden kann. Und bald darauf erfand er auch das Bier.

Es dauerte noch einige Jährchen, dann aber drängte sich die Frau an die Feuerstelle und rührte rücksichtslos Hirsebrei für alle an. Zähklebrigen, klumpigen Hirsebrei an Stelle von Steaks, Schweinswürstln, falschen Hasen oder Ochsenschwanzsuppe! Diesen Schock hat selbst der so genügsame Geistesmensch Friedrich Nietzsche nicht verwunden, und er zürnte heftig mit der Frau am Herd: »Durch schlechte Köchinnen, durch vollkommenen Mangel an Vernunft in der Küche ist die Entwicklung der Menschheit am längsten aufgehalten, am schlimmsten beeinträchtigt worden.«

Wo ist der Weißwein? Im Rezept steht: mit Weißwein ablöschen. Was, die Flasche ist schon leer? Dann hol doch bitte eine neue, mein Herz, sei so gut. Das ist ja das Schöne am Kochen, die lockere, völlig vorurteilsfreie Kommunikation am Herd, wenn Mann und Frau, oder umgekehrt, gemeinsam in der Küche werkeln. Prost, mein Schatz!

Wo war ich gleich stehen geblieben? Richtig, bei der Kulturgeschichte des Kochens. Bei der historischen Verantwortung des Mannes für die richtige Kost, auf dass die Seinen nicht vom Fleische fallen. Das ist nun mal sein innerster Instinkt, seit vielen Jahrtausenden.
Oder hast du schon mal was von einer Frau als Maître de Cuisine in einem Pariser Drei-Sterne-Restaurant gehört, mein Herz? Geht ja gar nicht: Die müsste dann »Maîtresse de Cuisine« heißen. Und das wollen wir doch alle nicht. Oder?
Anna, meine Traumfrau und Gemahlin, drückt mir zärtlich die heiße Pfanne an die Wange und prostet mir mit einem Engelslächeln zu.
Derart ermutigt, fahre ich fort: »Weißt du eigentlich, wie man in Amerika, übrigens das Land, in dem die Frauen das Sagen haben, eine gute Köchin definiert? Nun, in Amerika nennt man so eine Frau, die sich beim Öffnen der Dosen oder Frostpakete nicht verletzt.«
Klatsch, schon habe ich einen Esslöffel Mayonnaise auf dem linken Auge. Selbst gerührt und nicht geschüttelt. Nun visiert Anna das rechte Auge an. In diesem Augenblick klingelt die Zeituhr am Backofen. Blitzschnell bücke ich mich nach der Klappe – und höre ein ersticktes Gurgeln. Diesmal hat Annas Mayonnaise meinen Kartäuserkater Max getroffen, der die ganze Zeit schon auf den Vogel im Herd lauert. Jetzt sieht er ziemlich gut aus und inspiriert mich ad hoc zu einem altrömischen Gericht: Kater in Honigaspik mit Mayonnaise-Häubchen.
Bei uns gibt es häufig Fisch. Matjes nach Hausfrauenart

zum Beispiel. Das letzte Wort ist äußerst verräterisch. Es besagt, dass diese Art der einfaltslosen Spießer-Küche auf eine Frau in einem Haus zurückzuführen ist, oder?
Auch ich lebe in solch einer Unterkunft – und ich möchte so gern ein Gaumenfreudenhaus daraus machen. Einen Tempel der geistreichen Genüsse. Leider übertrifft meine Fantasie den kulinarischen Zeitgeist bei weitem. Nur so ist es zu erklären, dass meine Familie meine Kochkunst seit geraumer Zeit ignoriert. Kathrin, unsere Tochter, blockiert stets den Herd mit Miraculi-Soßen oder Scholle Amsterdam aus der Gefriertruhe, wenn ich mal wieder zur Tat schreiten möchte. Felix, mein Sohn und Ebenbild, hat unlängst meine Pizza Diabolo (mit Chili- und Vanilleschoten) in aller Öffentlichkeit zu unserem Komposthaufen getragen. Dann fuhr er mit seinem Fahrrad zu McDonald's, wobei ihm Max hinterherhetzte.
Und Anna? Ach, meine wunderbare Anna! Ich glaube, sie ist in meine Kochkunst noch mehr verliebt als in mich. Immer wieder erzählt sie die Geschichte, als ich ihr zum ersten Mal, als Student noch, aufkochte. Es gab Ente mit Aprikosen, flambiert mit Escorial grün. Das sah so hinreißend schön aus, dass ich die Festtafel fotografieren musste. Leider ist die Kamera dabei mit in Flammen aufgegangen.
Merke: Kochen ist Männersache, denn Kochen ist Kämpfen. Der Nahkampf in der Küche. Mit tückischen Gerätschaften, die nach Blut gieren. Ich denke da zum Beispiel an Austernmesser, die mir prinzipiell beim Muschelöffnen in die Weichteile der linken Hand rutschen,

exakt in jene noch frische Narbe, die mir die Geflügelschere beim Tranchieren der Weihnachtsgans zugefügt hatte.
Muss man das unbedingt haben? Ich schon, doch Anna sagt: »Nein!« Widerspruch scheint ausgeschlossen. Hartnäckig erinnert sie mich an den Abend, an dem ich mir – Leo war ganz allein daheim – eine Linsensuppe mit Kutteln (das war wohl auch der Grund der Familienflucht) zubereiten wollte. Ich war vor dem Fernseher eingeschlafen, als die Feuerwehr mich weckte. Seitdem kämpfe ich gegen das strikte Küchen-Verbot meiner Familie an. Aber wenigstens habe ich für die kochfreie Zeit eine Aufgabe gefunden, die noch größere Anforderungen an das geistige Fassungsvermögen stellt als die des Kochs: Leo ist jetzt Hofnarr und Mundschenk. Sein wahres Talent.

Der 18. Geburtstag

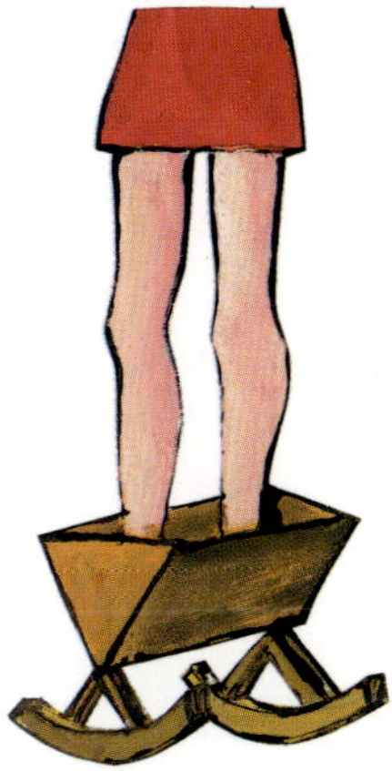

Es musste ja so kommen. Leo hat alles genau vorausgesehen. Die Ahnungen haben ihn ja schon seit Wochen, Monaten, was sag ich: seit Jahren nicht getrogen. Er hat eben den Blick für gewisse Dinge, das Gefühl für Situationen, die aus heiterem Himmel über sein Leben hereinbrechen. Sagen wir ruhig: das zweite Gesicht, das dritte Auge, den siebten Sinn. Und ausnahmsweise mal nicht umgekehrt. Und nun ist es so weit, das Unabwendbare geschieht: Kathrin wird 18!

Mein Kind ist erwachsen! Kein Kind mehr. Volljährig. Kann jetzt machen und tun, was es will. Kann wählen, die Schule schmeißen, Geschäfte tätigen, zur Bundeswehr gehen, ihren Freund, Sie wissen schon, den Yeti, mit auf ihr Zimmer nehmen, auch über Nacht, denn nur dann macht das Aufszimmernehmen überhaupt einen Sinn. Kann ihrem Vater so richtig die Meinung geigen, weil sich ja einiges aufgestaut hat in den letzten 18 Jahren. Und ihn, falls er etwa garstige Widerworte geben sollte, notfalls auch verlassen.

Womit hab ich das verdient? Nicht, dass ich mich beklage. Alles, nur das nicht. Leo ist kein Jammerlappen. He always thinks positive, was so viel heißt wie: Er ist stets gut drauf, auch wenn´s ihm so richtig dreckig geht. Und natürlich freut er sich über den 18. Geburtstag seines Töchterchens, auf das Fischstäbchenessen mit ihren kleinen Freundinnen, auf die Tortenschlacht und das anschließende Sackhüpfen im Garten.
Dann stiftet er noch ein Runde Kinderpunsch, und alle sind happy, bis am Abend unsere reizenden Gäste von ihren Mamas und Papas abgeholt werden. Und Leo schließlich das Kasperletheater bis zum nächsten Jahr wieder in den Keller trägt, um dort noch eine kleine Privatvorstellung für sich, das Geburtstagskind und den Kartäuserkater Max zu geben.
War das nicht ein schöner 18. Geburtstag, mein Kind? Das könnte doch ewig so weitergehen, zumindest so lange wie Leo noch Sackhüpfen kann, oder du, mein Kind. Anna kommt hinzu und lässt mit mildem Blick ihre rechte Hand routiniert vor ihrer Stirn in Scheibenwischerbewegung auf und ab fahren, diesmal einen Takt hektischer als sonst üblich. Dann fragt meine Gemahlin leise, langsam und sehr eindringlich, ob ich sie nicht mehr alle hätte.
Auf diese Art von Rhetorik möchte ich erst gar nicht eingehen, weil ich in Mathe noch nie besonders gut war. Also schüttle ich den Kopf, was durchaus auch ein Nicken sein könnte – und füge mich in mein Schicksal.
Braver Leo, dickes Kind. Oder doch umgekehrt? Also gut: Kathrin wird 18. Dann freu ich mich eben über ih-

re Volljährigkeit. Wie ein Schneekönig. Bis mir die Tränen kommen.

Spät am Abend, als alle schon zu Bett waren – außer Kathrin, die war auf der Piste –, hab ich was getan, was ich sonst hasse: Ich schaute mir alte Fotoalben an, Bilder, die Anna tatsächlich aufbewahrt und sorgfältig eingeklebt hatte:

Kathrin als strahlendes Baby und ich als bleicher, hohlwangiger Vater mit Ohropax in den Gehörgängen, denn schon damals liebte sie die Nacht entschieden mehr als den Tag.

Kathrin und Leo im Zoo. Sie strampelt auf meinen Schultern und schmiert mir Kaugummi in die Haare. Da war sie zweieinhalb und mindestens so renitent wie heute.

Kathrin mit Schultüte und ihrem feinsten Kleidchen. Und einem Blick, der alle Herzen dieser Welt brechen lässt. Außer denen ihrer Lehrerinnen. Da war sie sechs und mindestens so unwiderstehlich wie heute.

Kathrin mit langen Haaren, engen Jeans und einem Hauch von Blüschen. Verheulte Schnute und alles Leid ihres Herzchens in den Augen. Der erste Liebeskummer. Da war sie 13 – und ich war eifersüchtig wie ein karibischer Pirat.

Und so weiter und so fort.

Am Ende war eine Flasche Burgunder leer und ich voller Herzeleid oder Ähnlichem, was manchmal die Augen schwitzen lässt.

Ich hatte ziemlich üble Träume in jener Nacht. Ich sah einen jungen, hageren Typen, der trotzdem irgendwie

Leo ähnlich sah. Er feierte seinen 18. Geburtstag mit einer wilden Horde von hoch aufgeschossenen, pickligen Kumpels und drallen, blonden Girls in einem Zeltverhau an der Isar – nur weil sein strenger Vater zu Hause keine zünftige Party geduldet hatte.
Er klaute nachts seinem alten Herrn das Auto und wickelte es um den nächsten Baum. Daddy hätte den Wagen ja niemals freiwillig rausgerückt.
Er trampte drei Monate durch Südeuropa, abgerissen wie ein Clochard, weil er endlich einmal raus wollte aus dem väterlichen Nest, das mit einem Adlerhorst so gar nichts gemein hatte.
Mit dieser seltsamen Botschaft im Hirn setzte ich mich am nächsten Morgen an den Frühstückstisch. Anna lächelte mild wie immer, und auch Kathrin war da und fragte arglos, ob ich eine gute Nacht gehabt hätte. Da gab sich Leo den großen Ruck.
Wir haben schließlich eine Superparty zu Kathrins 18. Geburtstag gefeiert. Das heisst: drei nicht. Felix, unser Sohn, nächtigte bei einem Freund, Anna und ich verbrachten das Wochenende in einer anderen Stadt, weil Kathrin bei ihrem Fest unter ihresgleichen sein wollte.
Es soll eine rauschende Fete geworden sein, mit 30, 40 oder 50 Gästen, die mit meinem Weinkeller im Großen und Ganzen doch sehr anständig umgegangen sind. Wir bekamen auf unserem Handy auch keinen Anruf von der Feuerwehr, dass unser Haus abgebrannt oder in die Luft geflogen sei. Lediglich eine Nachbarin soll gegen drei Uhr in der Früh mit der Polizei gedroht haben, was die jedoch nicht ernst nahm und wir schon gar nicht, wenn

man einmal von einem kleinen Geplänkel unserer Rechtsanwälte absieht.
Auch sonst ging bei Kathrins Volljährigkeitsfeier alles recht zivilisiert ab. Wir mussten anschließend nur den unteren Wohnbereich neu streichen und Max auf einige Sitzungen zum Katzenpsychiater schleppen.
Und Kathrin genießt jetzt die große Freiheit des Erwachsenseins. Sie könnte sich endlich die Nächte in Discotheken um die Ohren schlagen und am nächsten Tag ihre Entschuldigung für die Schule selbst schreiben. Tut sie aber nicht. Sie besitzt ein eigenes Konto (weil das Kind nebenbei auch häufiger jobbt), mit eigener Scheck- und Kreditkarte. Wer eine Kreditkarte besitzt, möchte nur noch reisen und einkaufen. Am besten beides zusammen. Tut sie aber nicht. Sie träumt davon. Wie Leo. Doch der ist zwar schon lange volljährig, aber noch lange nicht wirklich erwachsen.

Auf in den Stau!

Bei drei Dingen pflegt der deutsche Durchschnittsmann sich stets in Unwahrheiten zu verstricken: Wenn er über seine erotischen Erfahrungen, seinen Jahresverdienst – und seine Fahrzeit zwischen Büro und zu Hause spricht. Eher würde der deutsche Durchschnittsmann zugeben, dass er ein erotischer Totalversager mit dem Jahreseinkommen eines mexikanischen Straßenkehrers sei, wobei der typische mexikanische Straßenkehrer als Gegenteil eines erotischen Totalversagers gilt, was ja auch der weise Volkspoet Roberto Blanco in seiner berühmten Ballade »Der Straßenkehrer von Mexiko macht alle glücklich, macht alle froh« so oder so ähnlich dokumentiert hat.
Doch bei der Fahrzeit zwischen Arbeitsstelle und Wohnung ist für den deutschen Durchschnittsmann Schluss mit lustig. Da zählen schon Sekunden.

Ein Bekannter, der sein Privatleben in einem prächtigen Bauernanwesen an einem der idyllischen Seen unserer wunderschönen oberbayerischen Heimat fristet, braucht für seine 45 Kilometer weite Anreise in die Landeshauptstadt München zirka 16 bis 18 Minuten. Sagt er – und behauptet felsenfest, dass er dabei ein Auto benutzt und nicht seinen Privat-Jet. Allerdings sei er diese Zeit nachts gefahren. In der Rushhour dauere es ein wenig länger. Zirka 30 bis 45 Minuten. Sagt er.

Neulich, als ich ihn an einem Sonntag besuchte, brauchte ich zweieinhalb Stunden. Ich stand überwiegend im Stau und brüllte einige freundliche Worte ins Telefon, als mein Kumpel auf dem Handy anrief und fragte, wo ich denn nur bliebe. Komisch, meinte er auch noch, er habe auf dieser Strecke noch nie einen Stau erlebt.

Das klang so, als ob so was nur einem Idioten wie mir passieren könnte; Könner wie er brettern ganz locker in 32 Minuten nach Hause.

Irgendwie muss meine Gattin Anna das Gleiche gedacht haben, denn sie grinste ihr viel sagendes »Ach-du-armer-Depp«-Grinsen vom Beifahrersitz herüber.

Am anderen Tag erzählte ich meinem Bekannten, dass ich für die Rückfahrt nur fünfzehneinhalb Minuten gebraucht hätte. Da sah er mich lange hasserfüllt an und murmelte: »Glaub ich nicht!«

Rekordfahrzeiten sind offensichtlich die einzige Leidenschaft, die dem deutschen Durchschnittsmann geblieben ist. Kürzlich hörte in meinem Biergarten am Nachbartisch einen Menschen in breitestem Hessisch babbeln,

dass er Mitglied in einem Rallye-Club sei und an den Wochenenden gemütliche Ausflüge unternehme, ganz entspannt mit 230 Sachen über die Autobahn, etwa in viereinhalb Stunden nach Venedig.

»Was?«, fragte ich entsetzt. »In viereinhalb Stunden von Frankfurt nach Venedig?!«

»Näää«, antwortete er. »Des schaffesse net. Von Offebach nach Venedisch.«

In diesen Tagen wird auch Leo wieder unterwegs sein. Urlaubszeit. Die Seinen freuen sich schon unbändig auf die trauten Stunden im Familienauto, das er zielsicher gen Süden lenkt. Souverän wie ein Flugkapitän, auch wenn im Fond mein Sohn Felix seiner Schwester Kathrin erklärt, dass ihr Vater ein Autofahrer von Gottes Zorn sei.

Mag sein, dass ich bisweilen kleine Orientierungsschwächen zeige, doch dafür hab ich mir jetzt eine elektronische Navigationshilfe zugelegt. Sie wissen schon, dieses Wunderding, das einen sicher durch fremde Städte und Landschaften führt und mich und meine Familie über den Brenner nach Italien.

Letztes Jahr war das noch wesentlich komplizierter. Auf dem Weg von München nach Rom kamen wir an einer Stadt mit einem großen Kirchturm vorbei. »Pisa!«, frohlockte ich. Bei näherem Hinsehen mussten wir leider feststellen, dass es sich um den Turm des Stephansdoms handelte und der Ort Wien hieß. Von dort war's nur noch ein Katzensprung nach Prag. Ab dann zog es sich allerdings bis Rom.

Das passiert mir heute nicht mehr. Mein Navigationssystem blinkt zuversichtlich: Volle Kraft voraus! Felix hat sein Lieblings-Chanson in unsere Sound-Anlage gespeist und nun dröhnt es zum zehnten Mal in Quadrofonie: »Wadde hadde dudde da?«

So kann man's aushalten.

Da vorne ein Blinken. Ein Stau. Endlich! Wir lieben den Stau. Jeder gute Deutsche liebt den Stau und ist zur Urlaubszeit stets bemüht, selbigen herzustellen. Millionen braver Menschen haben sich zum Beispiel zum Stau am Irschenberg verabredet. Sie fahren pünktlich morgens um sechs los und stehen am frühen Nachmittag auf der A 8 Fahrtrichtung Brenner.

Das sind die wahren Urlaubsgefühle. Der Blick nach vorn – eine endlose Kolonne, die sich in den Horizont windet. Solidarität, wie man sie nur aus alten Kommunistenfilmen kennt.

Die Autobahn wird begehbar. Man schlendert vor zum roten VW-Bus. Das ist doch der Typ mit den leckeren Schinkenbroten, den kennen wir noch vom letzten Jahr. Oder war es 1998 im 80-Kilometer-Stau vor Freilassing? Schau, da drüben hat Rudi den Grill angeworfen. Rudi aus Nürnberg, der letzten Sommer im Stau vor der Brenner-Mautstelle diese hervorragenden Rostbratwürste gebrutzelt hat. »Grüß dich, Rudi. Wohin des Wegs?«

»Keine Ahnung!«

»Is' ja auch egal.«

Bis dann in drei Wochen auf der Gegenfahrbahn!

So nähern wir uns allmählich, aber unaufhaltsam unserem Urlaubsort, den wir in diesem Jahr garantiert erreichen werden, vom Navigationssystem sicher geleitet.

Ich und die Meinen, wir lieben diese Art der Fortbewegung, Stoßstange an Stoßstange. Ein Schwingen im Dreivierteltakt: Gas geben, Bremse, stehen, wieder Gas geben, wieder Bremse. Anna ist schon ganz blass und übergibt sich gleich vor Begeisterung. Halt durch, mein Schatz! Nur noch zwanzig Stunden bis Rom. Und unser Freund hätte es auch nicht schneller geschafft.

Der Führerschein

Wer mich etwas näher kennt, weiß: Leo hat keine Vorurteile. Weder gegen sich selbst noch gegen andere. Nicht einmal gegen Frauen am Steuer.
Ich finde es einfach bezaubernd, wenn eine von ihnen freitags am Wochenmarkt einige Millimeter vor mir in die allerletzte Parklücke schrammt. Respekt, Lady! Und wenn sich eine andere vor mir an der grünen Ampel sorgfältig die Lippen nachzieht, brülle ich stets auf meine allercharmanteste Art nach vorn.
Ein stürmischer Applaus für die Dame, die nun ihrerseits die Zähne freilegt und begeistert Richtung Kopf gestikuliert. Da fällt mir das Lächeln der Mona Lisa ein.
Dann geben wir beide Gas und fahren kreischend unserer Wege.

Uff, was für ein kompliziertes Vorwort zum Thema Leo und die Frauen und das Auto.
Das hat seinen Grund: Mein Kind macht seinen Führerschein. Kathrin hat neulich den 18. Geburtstag gefeiert. Wer 18 ist und keinen Führerschein hat, ist ein armer Hund, respektive eine arme Sau, wie sich die jungen Leute auszudrücken pflegen. Außerdem hat mir das Kind schon vor längerem mitgeteilt, dass es jetzt eine Frau sei. Dabei hatte ihr Freund, im Familienkreis nur Yeti genannt (wegen seiner großen Füße), begeistert genickt, was mir sehr missfiel.
Also gut, mein Kind. Dann machen wir eben den Führerschein. Das geht ruckzuck. Wenn ich mich recht erinnere, brauchte ich seinerzeit dafür fünf, sechs Fahrstunden. Das war's. »Das ist ja auch locker 50 Jahre her«, zischt meine Tochter Kathrin sanft. »Und vermutlich hast du deinen Schein auf dem Dreirad gemacht.«
Mir fällt die Werbung einer edlen bayerischen Automarke ein, die für besondere »Freude am Fahren« steht: »Sie haben neun Monate bis zur Geburt gewartet. Dann noch 18 Jahre bis zum Führerschein. Und jetzt?«
Was mag da wohl noch alles auf mich zukommen?
Mein Kind will auf die Straße. Und das mit meinem Auto, das sich jetzt schon riesig darauf freut und in lustigen Bocksprüngen vorwärts prescht, als ich, in solcherlei Überlegungen versunken, nachdenklich Gas gebe.
Natürlich ist immer der Fahrlehrer entscheidend.
Ich kann mich noch sehr gut an meinen erinnern. Er hieß auch Leo, aber eigentlich war er keiner. Leo heißt man nicht, man ist es. Und er war keiner! Er war eher ein

1
2

Anton, ein Typ wie jener unschuldige Körperteil, der ebenfalls mit A beginnt.
Anton seufzte in einer Tour, wenn ich nur einstieg und am Außenspiegel rumdrehte – bis er ihn in seine schmierige Aktentasche stecken konnte. Anton verdrehte die Augen, wenn ich Gas gab und dabei instinktiv auf die Bremse trat, oder umgekehrt. Und Anton weinte, als ich mich zu Beginn meiner ersten Autobahnfahrt elegant in die Einfahrt mit jenem hübschen roten Schild mit dem weißen Querbalken einfädelte, mich dann aber doch schon sehr wunderte, wie viele Autos mir entgegenkamen und euphorisch mit der Hupe grüßten.
Manche Leute behaupten, dass ich seinerzeit das Geisterfahren erfunden habe. Dazu möchte ich in aller Bescheidenheit nur anmerken: kann schon sein.
Geprüft mit derlei Erfahrungen, habe ich beschlossen, meinem Kind zunächst einige private Fahrstunden zu erteilen, bevor es einem Hai von Fahrlehrer in die Hände – oder schlimmer noch: in die Arme? – fällt. Man liest ja immer solche Geschichten: Ehefrau des Fernsehintendanten mit Fahrlehrer durchgebrannt. Ich traue dem Durchschnittsfahrlehrer natürlich nicht. Möglicherweise registriert auch er die Frau in meinem Kind, nachdem es ihn gebührend darauf aufmerksam gemacht hat. Aber Gott sei Dank ist da ja auch noch der Yeti vor.
Wir haben also zuerst auf einem Feldweg geprobt, wo ein paar Kühe interessiert meinen präzisen, beinahe geflüsterten Ratschlägen lauschten und zuschauten, wie Kathrin anfuhr, den Wagen gekonnt durchschüttelte, damit er erst mal ordentlich Respekt bekommt.

Dann ging's zum offiziellen Übungsplatz; man will ja kein Rechtsbrecher sein. Dort sind wir gemütlich hin und her gezockelt, bis der Wagen wegen eines gravierenden Kupplungsschadens in die Werkstatt musste und ich mit dem Fahrrad meinen Pflichten nachging.
Dafür fuhr Kathrin mit dem Auto. In der Fahrschule, wo sie endlich gelandet war. Ein Naturtalent, wie meine Gemahlin Anna behauptet, was später auch der Fahrlehrer mit feuchten Augen bestätigte. Er hatte seine wahre Berufung bei der Bundeswehr entdeckt, wo man sein einfühlsames Wesen in Bahnen lenkte, die seinem sanften Naturell entsprachen. Aus dem Feldwebel wurde ein Fahrlehrer; was soll ich sagen: ein Mensch!
Anfangs bellte er noch ein wenig kokett rum, wie das große Hunde tun, wenn ihnen das Frauchen ans Herz wächst. Doch dann wurde er mehr und mehr zutraulich, bis er schließlich nicht mehr von der Seite meines Kindes weichen wollte und sogar den Yeti anknurrte, als der Kathrin von der Fahrschule abholte.
Dieser Melancholiker hat meinem Kind seine größte Leidenschaft offenbart, die nur auf den ersten Blick konträr zu seinem Broterwerb erscheint: Whisky. Vermutlich hat ihn sein nervenaufreibender Beruf in die barmherzigen Arme des schottischen Seelentrösters getrieben.
Nach etwa 30 Fahrstunden – und einem finanziellen Einsatz von ca. 3000 Mark – stand die Prüfung an. Anna hatte Kathrin und mir zuvor Baldriantropfen verabreicht. Das Kind blieb cool, ich auch – wie ein italienischer Oberkellner, der die Beschwerden seiner Gäste abwimmelt.

Am frühen Nachmittag dieses Tages kam Kathrin wieder heim. Schon von weitem wedelte sie mit ihrem neuen Führerschein. Die Unterschrift des Prüfers war etwas zittrig, offensichtlich war der Mann außer sich vor Freude, dass die Begegnung mit meiner Tochter keine weiteren ernsthaften Folgen für ihn hatte.
Der Fahrlehrer bekam eine Flasche Whisky, worauf er mir stumm und ergriffen die Hand drückte und murmelte, dass es jetzt alles nur noch besser werden könnte. Und Kathrin bekam meine Autoschlüssel.
Seither hat sich mein Leben grundlegend verändert. Ich warte, wenn sie mit den Wagen unterwegs ist, weil ich schon immer gern gewartet habe, wenn's sein muss, bis weit nach Mitternacht.
Neulich guckte ich mit meinem Kater Max aus dem Fenster, übrigens unsere Lieblingsbeschäftigung außer Singen. Wir sahen, wie Kathrin um die Ecke bog, lässig einparkte und mit Designer-Rucksack und Handy aus dem Auto stieg. Eine dieser selbstbewussten jungen Frauen, die so herzerfrischend die Welt erobern, aber leider zu wenig Zeit haben, vor allem für ihre Väter. Da hab ich endgültig begriffen: Es ist erwachsen. Mein Kind.

Gruß und Kuss, euer Leo

Heute auch schon Post bekommen? Eine von diesen kunterbunten Karten mit ewiger Sonne, blauem Himmel drauf, mit endlosen Stränden, türkisfarbenem Meer und traumhaften Tanga-Mädchen? Es sind ambivalente Botschaften – oder wie das der Berliner Sprach-Akrobat Harald Szeemann zu formulieren pflegt: »skulptural arretierte Nachrichten«, die »mühelos und unübersehbar ins Sehfeld« treten.

Selten hat jemand meine Gefühle beim Empfangen von Postkarten so exakt, so einfühlsam und verständlich beschrieben.

Ich habe heute die 13. dieser Art an die Innenseite meiner Bürotür geheftet. Das hab ich in meiner Stammkneipe gesehen, wo es sich seit Jahrzehnten bewährt hat – als Hingucker, wenn der Blick schon leicht verschwommen ist und keiner am Tresen mit einem vernünftig redet oder nicht mehr vernünftig reden kann, weil die allgemeine Melancholie im September um sich zu greifen pflegt.
Die letzte Karte schrieb mir ein Typ, den ich in den Büroräumen einer meiner Auftraggeber gesehen habe. Wenn ich mich recht erinnere, leerte er dort die Papierkörbe, oder er sammelte für ein Geschenk zum Dienstjubiläum eines Kollegen, der ihm das Papierkorb-Leeren beigebracht hat. Jedenfalls schrieb dieser Typ von der Algarve, wo sich jeden Sommer drei bis vier Millionen Kartenschreiber treffen: »Luft 32 Grad, Wasser 25 Grad, Drink 40 Prozent. Übrigens, wie schmeckt die Arbeit?«
Einerseits mag Leo Urlaubsgrüße – zeigen sie doch, wie beliebt er ist. Andererseits zeugt derlei Post natürlich auch von der Herzlosigkeit des Absenders. Reist einfach ab, suhlt sich in Sonne, Meer und Drinks (die Tanga-Mädchen lassen wir mal außen vor). Verprasst sein Urlaubsgeld ganz allein, und der liebe Leo muss sich mit einer billigen Karte begnügen.
Ich habe manche Tage und Nächte über den Zweck der Urlaubs-Postkarte gegrübelt. Schließlich bin ich zu folgendem Ergebnis gekommen: Es sind Botschaften von universeller Bedeutung. Sie beinhalten das gesamte Spektrum des menschlichen Lebens – von A wie Angeberei bis Z wie Zerstörung. Genau zu diesem Punkt fällt mir eine

Die Väter-Kolumnen wurden aus folgenden Ausgaben der Zeitschrift ELTERN for Family entnommen:

Hände weg von meiner Tochter!, ELTERN for Family 11/1996
Deins ist meins!, ELTERN for Family 1/1997
Darf ich bitten?, ELTERN for Family 2/1997
Dann gute Fahrt!, ELTERN for Family 4/1997
Mein Sohn, die Liebe und ich, ELTERN for Family 8/1997
Ein Mann im Schnee, ELTERN for Family 1/1999
Alles im Griff!, ELTERN for Family 2/1998
Im Fußball-Delirium, ELTERN for Family 6/1998
Auf Hemingways Spuren, ELTERN for Family 8/1998
Die Leo-Passion, ELTERN for Family 11/1998
Telefon-Terror, ELTERN for Family 9/2000
Champagner für die Lehrerin, ELTERN for Family 4/2000
Immer voll im Trend!, ELTERN for Family 2/1999
Arbeit für Leo!, ELTERN for Family 7/1999
Der Li-La-Launebär, ELTERN for Family 8/1999
Der Kampf in der Küche, ELTERN for Family 1/2000
Der 18. Geburtstag, ELTERN for Family 3/2000
Auf in den Stau!, ELTERN for Family 7/2000
Der Führerschein, ELTERN for Family 5/2000
Gruß und Kuss, euer Leo, ELTERN for Family 8/2000